A MULHER TRÊMULA

SIRI HUSTVEDT

A mulher trêmula
ou Uma história dos meus nervos

Tradução
Celso Nogueira

Copyright © 2009 by Siri Hustvedt
Proibida a venda em Portugal

Grafia atualizada segundo o Acordo Ortográfico da Língua Portuguesa de 1990, que entrou em vigor no Brasil em 2009.

Título original
The shaking woman — Or a history of my nerves

Capa
Rita da Costa Aguiar

Preparação
Cláudia Cantarin

Revisão
Ana Luiza Couto
Márcia Moura

Dados Internacionais de Catalogação na Publicação (CIP)
(Câmara Brasileira do Livro, SP, Brasil)

Hustvedt, Siri
   A mulher trêmula — ou Uma história dos meus nervos / Siri
Hustvedt ; tradução Celso Nogueira. — São Paulo : Companhia
das Letras, 2011.

   Título original: The shaking woman — Or a history of my
nerves.
   ISBN 978-85-359-1879-3

11-04779   CDD 362.1968450092

Índice para catálogo sistemático:
1. Pacientes de convulsões : Autobiografia   362.1968450092

[2011]
Todos os direitos desta edição reservados à
EDITORA SCHWARCZ LTDA.
Rua Bandeira Paulista 702 cj. 32
04532-002 — São Paulo — SP
Telefone (11) 3707-3500
Fax (11) 3707-3501
www.companhiadasletras.com.br
www.blogdacompanhia.com.br

Senti uma Fenda na Mente —
Como se meu Cérebro rachasse —
Tentei uni-lo — ponto a ponto —
Mas não consegui que firmasse.

EMILY DICKINSON

A MULHER TRÊMULA
OU
UMA HISTÓRIA DOS MEUS NERVOS

Quando meu pai morreu, eu estava em casa, no Brooklyn, mas poucos dias antes havia estado com ele, sentada ao lado de sua cama num lar para idosos em Northfield, no estado de Minnesota. Embora fisicamente enfraquecido, ele mantinha a mente alerta, lembro-me de termos conversado e de rir com ele, mas não me recordo do assunto de nosso último diálogo. No entanto, posso ver claramente o quarto onde ele passou o final da vida. Minhas três irmãs, mamãe e eu havíamos pendurado quadros na parede e comprado uma colcha verde-claro para quebrar um pouco o despojamento do quarto. Um vaso de flores enfeitava o parapeito da janela. Meu pai sofria de enfisema e sabia que não duraria muito tempo. Minha irmã Liv, residente em Minnesota, era a única filha a seu lado no dia derradeiro. Seus pulmões falharam pela segunda vez, e o médico avaliou que ele não sobreviveria a uma nova cirurgia. Enquanto ainda estava consciente, mas incapaz de falar, minha mãe chamou as três filhas em Nova York, para que pudéssemos nos manifestar pelo telefone. Eu me lembro bem de que parei para pensar em minhas palavras. Um pensamento curioso me ocorreu, que eu não deveria dizer nada estúpido naquele momento, que precisava escolher com muito cuidado. Eu queria falar algo memorável — uma ideia absurda, pois a memória de meu pai logo desapareceria com o resto de seu corpo. Quando minha mãe encostou o fone no ouvido dele, porém, só consegui soluçar as palavras "Eu amo você demais". Mais tarde minha mãe contou que ele sorriu ao ouvir minha frase.

Naquela noite sonhei que estava com ele e que ele estendeu os braços; eu me aproximei para abraçá-lo, mas acordei antes que pudesse sentir seu toque. Minha irmã Liv telefonou na manhã seguinte para contar que nosso pai havia falecido. Logo depois de desligar, levantei-me da poltrona onde sentara e subi a escada para ir ao meu escritório, onde comecei a escrever seu elogio fúnebre. Meu pai pedira que eu o fizesse. Semanas antes, quando eu estava sentada a seu lado no lar para idosos, ele mencionou "três pontos" que eu deveria anotar. Não disse "Por favor, inclua-os no texto que escreverá para meu funeral". Não foi preciso. Entendi muito bem. Quando chegou o momento, não chorei. Escrevi. No enterro, falei com voz firme, sem lágrimas.

Dois anos e meio mais tarde, discursei novamente em honra de meu pai. De volta a minha cidade natal, em Minnesota, de pé sob o céu azul de maio, eu estava no campus da faculdade St. Olaf, bem atrás do prédio que abrigava o Departamento de Norueguês, onde meu pai lecionara durante quase quarenta anos. O pessoal do departamento plantara um pinheirinho em sua homenagem, com uma placa na grama com os dizeres: LLOYD HUSTVEDT (1922-2004). Enquanto escrevia esse segundo texto, senti com intensidade a presença de meu pai, parecia estar ouvindo sua voz. Ele escrevia discursos excelentes, muitas vezes divertidos, e ao redigir o meu imaginei ter capturado algo de seu humor nas sentenças. Cheguei a usar a frase "Se meu pai estivesse aqui hoje, ele teria dito...". Confiante, ajudada por fichas com anotações, encarei os pouco mais de cinquenta amigos e colegas de meu pai, reunidos em torno do abeto norueguês, e ao proferir a primeira frase comecei a tremer violentamente, do pescoço para baixo. Meus braços balançavam. Os joelhos batiam. Eu tremia como se estivesse sofrendo uma convulsão. Por estranho que pareça, minha voz não foi afetada. Não mudou em nada. Espantada com o que acontecia comigo, temendo cair, consegui manter o equilíbrio e prosseguir, apesar dos papéis em minha mão mexerem de um lado para o outro, na minha frente. Quando o discurso acabou, o tremor cessou. Olhei para as pernas. Estavam vermelhas, escuras, arroxeadas.

Minha mãe e minhas irmãs se assustaram com a misteriosa transformação corporal que ocorreu em mim. Elas já tinham me ouvido falar em público inúmeras vezes, inclusive na frente de centenas de pessoas. Liv disse que sentiu vontade de se aproximar e me abraçar, para que eu não caísse. Minha mãe parecia haver testemunhado uma eletrocussão. Pelo jeito, uma força desconhecida assumira o controle do meu corpo, decidindo que eu precisava de uma boa chacoalhada. Certa vez, no verão de 1982, senti que um poder superior me dominava e jogava de um lado para o outro como se eu fosse uma boneca. Numa galeria de arte em Paris senti o braço esquerdo levantar e fazer com que eu batesse de costas na parede. O evento todo não durou mais do que alguns segundos. Pouco depois eu me senti eufórica, tomada por uma alegria sobrenatural que deu lugar a um enxaqueca violenta que durou quase um ano, o ano de Fiorinal, Inderal, Cafergot, Elavil, Tofranil e Mellaril, de um coquetel de remédios para dormir que eu tomava no consultório médico na esperança de acordar livre da dor de cabeça. Não dei sorte. Finalmente, o mesmo neurologista me internou num hospital para me tratar com Torazina® (clorpromazina), uma droga antipsicótica. Foram oito dias de es-

11

tupor na enfermaria neurológica, com uma colega de quarto idosa mas surpreendentemente ágil, vítima de derrame, que todas as noites era amarrada ao leito por uma correia carinhosamente conhecida por Posey, e que a cada noite desafiava as enfermeiras, escapando das amarras para disparar pelo corredor, dias dopados estranhos, pontilhados por visitas de jovens de jaleco branco que erguiam lápis e me pediam para identificá-los, perguntavam em que dia e ano estávamos, ou o nome do presidente, e me espetavam com agulhas finas e indagavam se eu estava sentindo alguma coisa — além de um raro aceno da porta do Czar da Enxaqueca em pessoa, o dr. C., um sujeito que em geral me ignorava e parecia irritado por eu não cooperar e melhorar; ficou na minha lembrança como a época da mais negra comédia de humor negro. Ninguém sabia direito o que havia de errado comigo. O médico deu um nome — *síndrome de enxaqueca vascular* —, mas por que eu me tornara uma vomitadora, deprimida, arrasada, apavorada criatura com uma dor de cabeça ENORME, um Humpty Dumpty depois da queda, isso ninguém dizia.

Minhas viagens pelos mundos da neurologia, psiquiatria e psicanálise começaram bem antes da temporada no Centro Médico Mount Sinai. Sofria de enxaqueca desde a infância e sempre nutri essa curiosidade por conta da dor de cabeça, da sensação de elevação divina, dos pontos luminosos e buracos negros, e de uma única alucinação visual, um homenzinho rosa e um boi rosa no chão do quarto. Comecei a ler a respeito desses mistérios muitos anos antes da tremedeira vespertina em Northfield. Mas as investigações se intensificaram quando decidi escrever um romance com um personagem psiquiatra e psicanalista, um homem que passei a considerar meu irmão imaginário, Erik Davidsen. Criado em Minnesota por pais muito parecidos com os meus, foi o menino que nunca nasceu na família Hustvedt. Para ser Erik, mergulhei na complexidade dos diagnósticos psiquiátricos e dos inúmeros distúrbios mentais que afligem os seres humanos. Estudei farmacologia e me familiarizei com as diversas classes de medicamentos. Comprei um livro com amostras de testes para o Conselho de Medicina do estado de Nova York e fiz exames simulados. Li mais sobre psicanálise e incontáveis memórias de doentes mentais. Fiquei fascinada pela neurociência, frequentei um seminário mensal sobre estudos cerebrais no Instituto Psicanalítico de Nova York e fui convidada a participar de um grupo de discussão dedicado a um novo campo: a neuropsicanálise.

No grupo, neurocientistas, neurologistas, psiquiatras e psicanalistas buscavam um denominador comum capaz de associar as descobertas da análise com as mais recentes pesquisas cerebrais. Comprei um cérebro de borracha, familiarizei-me com suas numerosas partes, ouvi atentamente, li mais a respeito. Para falar a verdade, tornei-me uma leitora obsessiva, como meu marido comentou várias vezes. Ele chegou a insinuar que minha leitura voraz mais parecia um vício. Candidatei-me a voluntária na Clínica Psiquiátrica Payne Whitney e passei a dar aulas semanais de redação aos pacientes. No hospital, aproximei-me de pessoas que sofriam de doenças complexas, que nem sempre correspondiam com exatidão às descrições catalogadas no *Diagnostic and statistical manual of mental disorders* [*Manual diagnóstico e estatístico de transtornos mentais*], mais conhecido como *DSM*. No dia em que tremi na frente da árvore que homenageava meu pai, já vivia mergulhada no universo do cérebro/mente havia anos. O que começara como curiosidade a respeito dos mistérios do meu sistema nervoso evoluíra para uma paixão avassaladora. A curiosidade intelectual sobre uma doença que estamos enfrentando nasce sem dúvida de um desejo de domínio. Se eu não podia me curar, talvez conseguisse pelo menos começar a me entender melhor.

Toda doença possui uma característica alienante, um sentimento de invasão e perda de controle evidente na linguagem que usamos para falar dela. Ninguém diz: "Sou um câncer", ou mesmo "Sou canceroso", apesar de não haver de fato invasão de vírus ou bactéria; o que muda é o comportamento das células do corpo. A pessoa *tem* um câncer. No entanto, doenças neurológicas e psiquiátricas são diferentes, pois com frequência atacam a fonte do que o indivíduo imagina ser sua personalidade. "Ele é epiléptico" não soa estranho para nós. Numa clínica psiquiátrica os pacientes costumam dizer "Sou bipolar" ou "Sou esquizofrênico". A doença e a personalidade se identificam inteiramente nessas sentenças. A mulher trêmula parecia e não parecia ser eu ao mesmo tempo. Do queixo para cima eu era a mesma de sempre. Do pescoço para baixo, uma estranha abalada. Qualquer que fosse a causa do que me acontecera, qualquer que fosse o nome para designar minha afecção, o estranho ataque que sofri deve ter tido um componente emocional em algum aspecto relacionado a meu pai. O problema era que eu não *senti* nenhuma emoção. Estava completamente calma e racional. Algo parecia terrivelmente errado comigo, mas o que era mesmo? Decidi partir em busca da mulher trêmula.

Os médicos se veem às voltas com convulsões como a minha há séculos. Muitas doenças nos fazem tremer, e nem sempre é fácil separar uma da outra. A partir de Hipócrates, realizar um diagnóstico significa reunir um conjunto de sintomas sob o mesmo nome. A epilepsia é a mais famosa das doenças que causam tremores. Se eu fosse paciente do médico grego Galeno, que atendia ao imperador Marco Aurélio e cujos copiosos escritos influenciaram a história médica por centenas de anos, ele teria diagnosticado uma doença convulsiva, mas descartaria a epilepsia. Para Galeno, a epilepsia, além de provocar convulsões no corpo inteiro, interrompia "funções fundamentais": consciência e fala.[1]

Embora os antigos gregos acreditassem que os deuses e espectros causavam tremores, em sua maioria os médicos encaravam o fenômeno como ocorrência natural; só após a supremacia do cristianismo, os tremores e o mundo sobrenatural foram embrulhados numa intimidade desconcertante. Natureza, Deus e o demônio podiam arruinar seu corpo, e os especialistas em medicina lutavam para distinguir as diversas causas. Como separar um ato da natureza da intervenção divina ou da possessão demoníaca? Os paroxismos de santa Teresa de Ávila, seus desmaios, visões, agonias e arrebatamentos eram viagens místicas em direção a Deus, mas as moças de Salem tremiam e se contorciam como resultado dos malefícios das bruxas. Em *A modest inquiry into the nature of witchcraft* [Uma pesquisa simples sobre a natureza da bruxaria], John Hale descreve os ataques de crianças atormentadas e depois acrescenta explicitamente que seus sofrimentos terríveis estavam "acima da intensidade que um ataque epiléptico ou uma doença natural poderiam provocar".[2] Se meu episódio de tremedeira tivesse ocorrido durante a caça às bruxas de Salem, as consequências teriam sido pavorosas. Sem dúvida eu parecia uma mulher possuída. Mais importante, porém, se aceitasse as crenças religiosas da época, como provavelmente faria, a estranha sensação de que uma força externa penetrara em meu corpo para provocar tremores teria bastado para me convencer de que fora mesmo enfeitiçada.

Na cidade de Nova York, em 2006, nenhum médico em plena consciência me aconselharia a consultar um exorcista, e mesmo assim as confusões nos diagnósticos são comuns. As referências para a análise de doenças convulsivas podem ter mudado, mas a compreensão do que aconteceu comigo não era nada simples. Eu poderia ir ao neurologista para saber se sofria de epilepsia, apesar da desconfiança provocada por minha experiência anterior na enfermaria do Centro Médico Mount Sinai em relação aos médicos encarregados de investigar o sistema nervoso. Eu sabia que, para receber o diagnóstico de epiléptica, eu precisava sofrer pelo menos *dois* ataques. Acredito que tenha tido um ataque genuíno antes da enxaqueca impossível de tratar. O segundo me pareceu suspeito. Os tremores ocorreram dos dois lados do corpo — e eu continuei *falando* durante o episódio. Quanta gente *fala* durante um ataque? Além disso, eu não havia sentido nenhuma aura, nenhum sinal de que um evento neurológico se aproximava, como ocorre comigo com frequência nas enxaquecas, e o ataque começou e terminou durante o discurso sobre meu falecido pai. Por causa do meu histórico, sabia que um neurologista diligente pediria um EEG, ou eletroencefalograma. Eu teria de passar um tempo sentada com eletrodos melecados presos no crânio, e meu palpite era de que o médico não encontraria nada. Claro, muita gente sofre de ataques que não aparecem nos testes padronizados, o que obriga o médico a realizar exames adicionais. A não ser que eu continuasse tremendo, talvez não fosse possível realizar um diagnóstico. Eu flutuaria no limbo de uma moléstia desconhecida.

Depois de eu passar um tempo remoendo a tremedeira, uma possível resposta surgiu. Não veio aos poucos, e sim de repente, como uma revelação. Sentada em meu lugar costumeiro, na conferência mensal sobre neurociência, lembrei-me da rápida conversa com uma psiquiatra que sentara atrás de mim num encontro anterior. Eu havia perguntado onde trabalhava e o que fazia. Ela contou que trabalhava em um hospital, como membro de uma equipe que atendia basicamente "reações de conversão". Segundo essa psiquiatra, "os neurologistas não sabem o que fazer com esses pacientes, então mandam para mim casos de somatização". "Podia ser o meu caso!", pensei num ataque *histérico*. A palavra antiquada praticamente desapareceu do discurso médico corrente, substituída pela expressão *transtorno dissociativo ou de conversão*, mas, pulsando sob os novos termos, o nome antigo assombrava feito um fantasma.

Quando se usa a palavra "histeria" em jornais e revistas, o redator quase sempre registra que ela deriva do termo grego para "útero". Sua origem como problema puramente feminino relacionado aos órgãos reprodutivos serve para alertar os leitores de que a palavra reflete um preconceito antigo contra as mulheres, embora sua história seja bem mais complicada do que indica a misoginia. Galeno acreditava que a histeria era uma enfermidade própria das mulheres solteiras e viúvas, privadas das relações sexuais, mas não loucura, pois não envolvia obrigatoriamente danos psicológicos. Doutores no passado sabiam muito bem que ataques de epilepsia e histeria se assemelhavam, e que seria essencial distinguir um do outro. O fato é que a confusão nunca desapareceu. O médico Antonius Guainerius, no século XV, acreditava que os vapores emanados pelo útero causavam a histeria e que a distinção entre a histeria e a epilepsia poderia ser feita porque a histérica lembraria de tudo o que ocorreu durante o ataque.[3] O grande médico inglês Thomas Willis, no século XVII, descartou o útero como órgão responsável por esses eventos e localizou tanto a histeria como a epilepsia no cérebro. Mas o conceito de Willis não predominou em sua época. Havia quem afirmasse que as duas não passavam de manifestações diferentes da mesma doença. O médico suíço Samuel Auguste David Tissot (1728-97), que entrou para a história da medicina por causa da imensa popularidade de seu tratado sobre os perigos da masturbação, sustentava que as duas moléstias eram distintas, apesar de serem epilepsias originadas no útero.[4] Desde os tempos antigos até o século XVIII, a histeria foi considerada uma doença convulsiva que se originava em algum ponto do corpo — no útero, no encéfalo ou mesmo num membro — e que as pessoas acometidas por ela não eram insanas. Arrisco afirmar que um dos doutores citados acima, caso tivesse testemunhado meu discurso convulsivo, poderia ter diagnosticado histeria. Minhas funções superiores não foram interrompidas; eu me lembro de tudo a respeito do ataque; e, claro, eu era uma mulher com um útero potencialmente vaporoso ou perturbado.

É interessante indagar quando a histeria se tornou uma doença associada com exclusividade à mente. No discurso cotidiano usamos essa palavra para indicar a excitabilidade ou a emoção excessiva de uma pessoa. Em geral ela remete à figura de uma mulher descontrolada, a gritar. Contudo, qualquer que fosse o problema com minhas pernas, braços e torso, a mente estava em ordem e eu segui falando normalmente. Não sofria de histeria nesse sentido. Hoje o transtorno de conversão é classificado como transtorno psiquiátrico, e não neurológico, o que explica a conexão que fazemos com problemas mentais. No *DSM*, atualmente em sua quarta edição, o transtorno de conversão se inclui entre os transtornos *somatoformes* — perturbações do corpo e das sensações físicas.[5] Entretanto, nos últimos quarenta anos o termo e a classificação da doença mudaram várias vezes. No primeiro *DSM* (1952), foi chamado de *reação de conversão*. O *DSM-II* (1968) o agrupou nos transtornos de *dissociação* e o identificou como *neurose histérica, tipo conversão*. Em 1968, pelo jeito, os autores pretendiam recuperar as raízes da doença, com a reintrodução do termo "histeria". *Dissociação* é uma palavra de sentido amplo, usada de modos diferentes para indicar alguma forma de distanciamento ou a ruptura da personalidade usual. Por exemplo, quando uma pessoa passa por uma experiência extracorpórea, dizem que ela está dissociada; um sujeito atormentado pela sensação de que ele ou o mundo não são reais também é chamado de dissociado. Quando lançaram o *DSM-III* (1980), a palavra "histérica" desapareceu, a definição mudou para *transtorno de conversão*, um problema somatoforme, cujo nome não mudou no *DSM-IV*. Contudo, o manual corrente da Organização Mundial da Saúde (oms), o cid-10 (1992), difere a esse respeito. Ali recebe o nome de *transtorno dissociativo* (*de conversão*). Soa confuso, e é mesmo. Ocorre entre autores de textos diagnósticos psiquiátricos uma óbvia insegurança acerca do que fazer com a histeria.

Eles concordam em termos gerais, no entanto. Os sintomas da conversão não raro imitam sintomas neurológicos: paralisia, convulsões, dificuldade para andar, engolir ou falar, cegueira ou surdez. Quando o neurologista os investiga, porém, não consegue encontrar nada que normalmente poderia causar esses problemas. Por exemplo, se um neurologista estivesse passando e fizesse um EEG enquanto eu tremia na frente da árvore, as convulsões histéricas não seriam registradas, mas os tremores epilépticos sim, provavelmente. Ao mesmo tempo, histéricos não são fingidores. Não conseguem evitar o que acontece com eles nem fingem estar doentes. Ademais, os sintomas costumam cessar espontaneamente. Os autores do *DSM* explicitam que o importante "é ter cautela".[6] Em outras palavras, se eu tivesse consultado um psiquiatra, ele deveria ser cauteloso comigo. Uma moléstia neurológica não identificada poderia se ocultar sob meus sintomas, sem aparecer nos exames. Ele deveria perceber que meus tremores eram atípicos da epilepsia antes de fazer um diagnóstico. O problema vale para os dois casos. Carl Basil, farmacologista da Universidade Columbia, relata a história de um paciente que viu seu local de trabalho incendiar-se e "de repente ficou paralítico do lado direito, como se tivesse sofrido um derrame".[7] De fato, o sujeito vivenciara uma "reação de conversão", que desapareceu com seu choque. O enigma se complica inclusive pelo fato de as pessoas que sofrem de epilepsia estarem muito mais propensas a ter ataques histéricos do que os indivíduos não epilépticos. Segundo os autores de um estudo que li, entre 10% e 60% das pessoas com PNES (do inglês, "psychogenic nonepileptic seizures", isto é, ataques não epilépticos psicogênicos, no *DSM* — ou convulsões dissociativas, para o CID-10) sofrem de epilepsia comórbida.[8] Este contemporâneo dilema de identificação se assemelha bastante às dificuldades que os médicos encontraram durante muito tempo para separar epilepsia de histeria. A pergunta sempre foi: uma mulher treme; por quê?

No final do século xx, durante vários anos, os clínicos abusaram da expressão "sem causa orgânica". A histeria era uma enfermidade psíquica sem causa *orgânica*. As pessoas sofriam de paralisia, cegueira e convulsões sem nenhuma causa orgânica? Como assim? A não ser que acreditemos na vinda de espectros, espíritos ou demônios, do céu ou do inferno, capazes de assumir o controle sobre o corpo de uma pessoa, como argumentar que não se trata de um fenômeno *físico, orgânico*? Até o *DSM* atual admite o problema, ao declarar que a diferença entre o mental e o físico é "um anacronismo reducionista do dualismo corpo/ mente".[9] A separação existe entre nós, no Ocidente, desde Platão, no mínimo. A ideia de que somos compostos por duas partes em vez de uma, e que a mente não é matéria, continua a integrar o conceito de muita gente a respeito do mundo. Sem dúvida a experiência de viver em minha própria cabeça possui uma qualidade mágica. Como vejo, sinto e penso, e o que exatamente é a minha mente? Seria a mente o mesmo que o cérebro? Como pode a experiência humana se originar em matéria branca e cinzenta? O que é orgânico e o que é inorgânico?

No ano passado ouvi um homem contar no rádio sua vida com o filho esquizofrênico. Como muitos pacientes, o filho tinha dificuldades para tomar os medicamentos com regularidade. Depois das internações ele regressava para casa, parava de tomar o remédio receitado e a doença voltava. Ouvi a mesma história dos pacientes aos quais eu ensinava redação no hospital, mas as razões para abandonar os medicamentos eram diferentes. Um paciente engordou terrivelmente por causa de um antipsicótico e se sentia mal por isso; outro se sentia morto por dentro; outro, furioso com a mãe, parava a medicação por birra. O pai entrevistado no rádio fez questão de explicar: "A esquizofrenia é uma *doença orgânica do cérebro*". Entendi o motivo para tal afirmação. Sem dúvida os médicos lhe disseram isso, ou ele leu artigos sobre a doença nos quais ela era assim descrita — e isso o reconfortava, tirava de seus ombros a responsabilidade pelo sofrimento do filho e o fazia acreditar que o ambiente em que ele vivia não poderia ser a causa da doença. O mistério genético da esquizofrenia talvez um dia seja solucionado, mas por enquanto permanece ignorado. Se entre gêmeos idênticos um apresentar a doença, há 50% de chances de que ela se manifeste no outro. A porcentagem, embora alta, não é determinante. Outros fatores interferem, como os ambientais, que vão de poluentes atmosféricos à negligência dos pais. Como ocorre com frequência, as pessoas preferem respostas fáceis. No ambiente cultural de hoje, uma *doença cerebral orgânica* soa reconfortante. Meu filho não é louco; o cérebro dele apresenta problemas.

Mas não existem saídas fáceis para a armadilha psique/soma. Peter Rudnytsky, proeminente estudioso de psicanálise, discute o caso de Otto Rank, psicanalista do círculo de Freud que provavelmente sofria de psicose maníaco-depressiva. Ele ressalta que hoje sabemos tratar-se de uma doença "orgânica", e por isso as mudanças de humor de Rank não podem ser consideradas uma falha em seu "caráter".[10] A psicose maníaco-depressiva, também conhecida como transtorno bipolar, ocorre em famílias, e seu componente genético é aparentemente bem maior do que no caso da esquizofrenia. Mesmo assim, Rudnytsky insinua haver estados não orgânicos que podem ser atribuídos a falhas de caráter. Isso levanta uma questão: o que é o caráter? Não seria o caráter a soma de nossas partes, e essas partes não são orgânicas? Caso contrário, o que é psíquico e o que é somático?

O problema é que a expressão *doença cerebral orgânica* não

significa muita coisa. Não há lesões ou lacunas no tecido cerebral dos esquizofrênicos ou maníaco-depressivos, nenhum vírus que devora seus córtices. Ocorrem alterações na atividade cerebral que podem ser detectadas pelas novas tecnologias de escaneamento do encéfalo. Entretanto, também ocorrem alterações cerebrais quando estamos tristes, felizes ou libidinosos. Esses estados humanos são todos físicos. Além disso, o que é uma doença, exatamente? No *Campbell's psychiatric dictionary*, encontrei esta citação da *Philosophy in medicine*, de Culver e Gert: "enfermidade e doença mantêm estreita relação, mas as doenças são ontologicamente mais robustas do que uma simples enfermidade".[11] Uma doença, em outras palavras, tem mais substância, mais *essência* do que uma enfermidade. Não faz muito tempo, uma amiga me mostrou um livro chamado *Living well with migraine disease and headaches* [Convivendo melhor com doenças como a enxaqueca e a dor de cabeça]. Fiquei espantada. Nas andanças iniciais de um neurologista a outro, a enxaqueca nunca era chamada de *doença*. Obviamente alcançara novo status, adquirira uma existência mais "robusta" desde 1982. Seria o transtorno de conversão um fenômeno psíquico, ao contrário da esquizofrenia ou da psicose maníaco-depressiva? A psique é diferente do cérebro?

Sigmund Freud foi o primeiro a usar o termo "conversão", no livro *Estudos sobre a histeria* (1893), escrito com Josef Breuer: "Se, para sermos breves, adotarmos o termo 'conversão' para designar a transformação da excitação psíquica em sintomas somáticos crônicos, que é tão característica da histeria [...]".[12] O que Freud quis dizer com isso? Será que ele acreditava que a excitação psíquica era uma entidade não biológica? Freud era um homem formado pela filosofia e ciência de seu tempo. Como estudante de medicina, além das matérias necessárias para obter o diploma, assistiu a aulas adicionais de filosofia e zoologia. No verão de 1876, recebeu uma bolsa para visitar a Estação Zoológica Experimental de Trieste, onde se dedicou a dissecar enguias para conhecer sua estrutura histológica e procurar seus órgãos sexuais, que ninguém fora capaz de localizar. Parece que a estrutura gonadal das enguias interessava os estudiosos, desde Aristóteles. Os resultados obtidos por Freud foram inconclusivos, mas sua pesquisa se constituiu em mais um passo na jornada rumo à resposta a essa questão. Depois de cursar três anos de faculdade de medicina, ele escolheu a neurologia como interesse principal e durante seis anos estudou as células nervosas no laboratório de fisiologia de Ernst Wilhelm von Brücke. Concentrou-se no material visível do sistema nervoso. O primeiro livro publicado por Freud foi *A interpretação das afasias: um estudo crítico*. A afasia — palavra derivada do grego, que significa "impotência de falar" — refere-se a problemas de linguagem em pacientes que sofreram danos cerebrais. Qualquer aspecto da linguagem pode ser afetado. Alguns pacientes compreendem as palavras, contudo não conseguem gerá-las. Alguns não entendem o que lhes é dito, ou não conseguem apreender sentenças inteiras. Outros sabem o que querem dizer, porém não são capazes de articular os fonemas necessários. Apesar de não ter recebido muita atenção na sua época, boa parte do que Freud sustentou no estudo continua válido. Ele insistia em que os processos cerebrais, embora pudessem ser localizados — certas partes do cérebro se responsabilizariam por diferentes comportamentos humanos, como a linguagem —, não eram estáticos, mas constituíam uma série de reações químicas dinâmicas do cérebro. Trata-se de uma verdade inquestionável. Seu posicionamento sobre a conexão entre corpo e mente era sutil. Freud não foi nem reducionista nem dualista: "O psicológico é, portanto, um processo paralelo ao fisiológico, um concomitante dependente".[13] Freud permaneceu materialista a vida inteira. Não tratou de noções nebulosas sobre alma, espírito ou psique, desvinculadas dos processos físicos. Um dependia do outro. Ao mesmo tempo, seguindo Kant, ele não acreditava que fosse possível conhecer a coisa em si. Nosso acesso ao mundo se dá apenas por meio da nossa percepção, argumentou. Mesmo assim, ainda encontro gente que fala de Freud como se ele fosse quase místico, um homem cujas ideias não guardam relação com as realidades físicas, uma espécie de monstro de miragem que sabotou a modernidade e enfiou inúmeras besteiras na cabeça de um público crédulo, até que seu pensamento foi finalmente esmagado pela nova psiquiatria científica baseada nas maravilhas da farmacologia. Como um cientista atraiu tal reputação?

Pouco tempo depois de publicar os *Estudos sobre a histeria*, Freud dedicou-se ao que mais tarde chamaria de *Projeto para uma psicologia científica*, uma tentativa de associar suas descobertas a respeito do funcionamento da mente com o conhecimento de neurologia, criando um modelo biológico baseado na matéria cerebral — os neurônios. Após um período de escrita febril, ele se deu conta de que não possuía conhecimento suficiente sobre os processos neurais para elaborar tal mapa e deixou o *Projeto* de lado. O pai da psicanálise fez então a inevitável opção de buscar uma explicação apenas psicológica para a mente, embora jamais tenha abandonado a esperança de que em algum momento do futuro cientistas seriam capazes de vincular seus conceitos a funções específicas do cérebro. Em sua história da psicanálise, *Revolution in mind*, George Makari apresenta uma avaliação eficaz do problema enfrentado por Freud e muitos outros estudiosos de neurologia, psicologia e biofísica: "Não se pode afirmar categoricamente que um nervo abriga uma palavra ou uma ideia".[14] Freud acreditava saber como essa conexão funcionava, mas não como provar que estava certo.

Vamos dizer que depois de minha visita imaginária ao neurologista não apresentar nada de interessante, eu decidi consultar um psicanalista. Não obstante a psiquiatria americana tenha sido fortemente influenciada pela psicanálise no passado, as duas disciplinas se distanciaram, sobretudo a partir dos anos 1970. Muitos psiquiatras ignoram quase tudo ou tudo sobre a psicanálise, cada vez mais marginalizada culturalmente. Hoje, grande número de psiquiatras americanos deixa boa parte da conversa para os assistentes sociais e se limita a receitar medicamentos. A farmacologia domina. Mesmo assim, ainda há muitos psicanalistas praticantes espalhados pelo mundo, e a disciplina me fascina desde que comecei a ler Freud, aos dezesseis anos. Nunca tinha sido analisada, mas em determinados momentos da vida pensei em me tornar analista, e para tanto precisava primeiro ser analisada. Fiz psicoterapia uma vez, por pouco tempo, e me ajudou muito, porém me dei conta de que parte de mim temia uma análise. O medo é difícil de articular, já que não sei bem de onde vem. Sinto vagamente que existem recônditos da minha personalidade onde reluto penetrar. Talvez seja a parte de mim que treme. A intimidade do diálogo entre analista e paciente também me amedronta muito. Com franqueza, dizer *tudo* o que me passa pela cabeça soa terrível para mim. Meu analista imaginário é homem. Escolho um homem, pois ele seria uma criatura paternal, um eco do meu pai, que pode ser o espectro envolvido em meus tremores.

Depois de escutar minha história, o analista tentaria descobrir mais a respeito da morte de meu pai e do relacionamento que mantive com ele. Minha mãe entraria na conversa, e com certeza meu marido, minha filha, minhas irmãs e todas as pessoas importantes de minha vida. Falaríamos, e por meio do diálogo nós dois tentaríamos descobrir por que o discurso que fiz na frente do pinheiro incluiu uma tremedeira de arrasar. Claro, seria preciso esclarecer que falar não era o meu problema. Mesmo durante o ataque permaneci fluente. Minha patologia se encontrava em outro lugar, sob ou ao lado da linguagem, dependendo da metáfora espacial. O termo psicanalítico para minha dificuldade seria "repressão". Eu teria reprimido algo, que assomou do meu inconsciente como sintoma histérico. Meu dilema pareceria clássico a um analista freudiano, aposto. Eu contaria a meu analista fantasma que não sou epiléptica, fato confirmado em consulta a um neurologista, e dali em diante ele não dedicaria muito tempo a refletir sobre meu *cérebro*. Embora os neurônios fascinassem Freud, o analista os descartaria e se concentraria em me ajudar a trazer minha história à tona, para juntos procurarmos um modo de recontá-la e assim me curar do sintoma. Eu também passaria pela transferência. Por intermédio do amor, que poderia se transformar em ódio, indiferença ou medo, eu transferiria a ele as emoções que sentia em relação a meu pai, minha mãe ou minhas irmãs, e o analista, por sua vez, passaria pela contratransferência, configurada de acordo com sua história pessoal. Desenvolveríamos a compreensão das ideias, bem como das emoções. No final — deve haver um final —, teríamos construído um relato sobre meu pseudoataque, e eu estaria curada. Eis, pelo menos, uma narrativa ideal da análise, que é uma forma peculiar de relato. O próprio Freud registrou a originalidade da empreitada em *Estudos sobre a histeria*:

> Como outros neuropatologistas, fui preparado para empregar diagnósticos locais e eletroprognósticos, e ainda me causa estranheza que os relatos de casos que escrevo pareçam contos e que, como se poderia dizer, falte-lhes a marca de seriedade da ciência. Tenho de consolar-me com a reflexão de que a natureza do assunto é evidentemente a responsável por isso, e não qualquer preferência minha. A verdade é que o diagnóstico local e as reações elétricas não levam a parte alguma no estudo da histeria, ao passo que uma descrição pormenorizada dos processos mentais, como as

que estamos acostumados a encontrar nas obras dos escritores imaginativos, me permite, com o emprego de algumas fórmulas psicológicas, obter pelo menos alguma espécie de compreensão sobre o curso dessa afecção.[15]

Como cientista, Freud sentia certo incômodo por soar como um autor de ficção. Com o passar do tempo, seu pensamento sobre o aparato psíquico mudaria, evoluindo, mas ele jamais seria capaz de vincular as teorias ao sistema nervoso, onde os processos se originavam, como bem sabia. A afasia era uma doença com uma base fisiológica identificada. Dano a partes específicas do cérebro causavam problemas de linguagem. Quando Freud escreveu sobre a afasia, os cientistas Paul Broca, francês, e Carl Wernicke, alemão, já haviam divulgado seus estudos inovadores, que localizavam os centros da linguagem no hemisfério esquerdo do cérebro. A histeria, contudo, era uma doença *sem* lesões cerebrais. Freud conhecia e havia traduzido trabalhos do eminente neurologista francês Jean-Martin Charcot, com quem manteve contato pessoal, estudou e de quem sofreu profunda influência, isso ele deixara bem claro. Enquanto atuava no Hospital Salpêtrière, em Paris, Charcot, assim como inúmeros médicos antes dele, esforçou-se para distinguir ataques epilépticos do que chamava de "histeroepilepsia". Como epilepsias genuínas podiam ocorrer sem lesões cerebrais, fato descoberto graças a autópsias, Charcot passou a distinguir uma doença da outra por parâmetros clínicos, mediante a observação cuidadosa de seus pacientes. Ele classificou doenças como a histeria, não causadas por lesões anatômicas, como "neuroses". Considerava a histeria uma *doença neurológica orgânica*, defendia sua origem hereditária e afirmava que ela não era exclusiva das mulheres. Os homens também podiam ser histéricos.

Charcot interessou-se pelos aspectos psicológicos da histeria quando notou que um susto forte ou uma emoção intensa poderiam ter vínculos com os sintomas. Nesses casos, o choque criava uma autossugestão, uma forma de auto-hipnose no paciente exterior a sua consciência. Por exemplo, um dos pacientes do neurologista, diagnosticado como portador de histeria traumática masculina, era ferreiro e sofrera uma queimadura na mão e no antebraço. Semanas depois ele passou a ter contraturas na mesma parte do corpo. De acordo com a teoria, o trauma poderia criar uma ideia que atuava no sistema nervoso já vulnerável, para produzir o sintoma: ataque, paralisia, incapacidade de andar, ouvir ou ver; ausências ou sonambulismo. Além disso, o médico poderia produzir o mesmo sintoma hipnotizando o paciente e sugerindo-lhe que a mão estava paralisada. A autossugestão e a sugestão hipnótica ativavam as mesmas áreas fisiológicas — são duas formas do mesmo processo. Para o neurologista francês, o fato de uma pessoa poder ser hipnotizada seria uma indicação de que se trata de alguém histérico. Apesar do interesse por traumas, Charcot manteve-se comprometido com uma explicação fisiológica da histeria.[16]

Pierre Janet, filósofo e neurologista, jovem colega de Charcot, foi mais longe que seu mentor na exploração dos aspectos psíquicos da histeria. Sustentava, como havia feito Charcot, que um choque — acidente de carruagem, por exemplo — era capaz de deflagrar a histeria, mesmo que a pessoa não sofresse danos físicos na batida. Bastaria, na opinião de Janet, que o sujeito pensasse que "a roda passou por cima de sua perna" para paralisar o membro inferior.[17] Janet foi o primeiro a usar o termo "dissociação" em relação à histeria, definido como uma divisão entre "os sistemas de ideias e funções que constituem a personalidade".[18] As ideias, segundo Janet, não eram pensamentos desvinculados do corpo, e sim parte dos sistemas psicobiológicos que incluíam emoções, memórias, sensações e comportamentos. Numa série de conferências realizadas em Harvard, em 1906, ele argumentou que a histeria era definida pela "sugestão", que seria "uma ideia forte demais, capaz de atuar no corpo de maneira anormal".[19] A horrível ideia de um acidente de carruagem se dissociava dentro da pessoa: "As coisas acontecem como se uma ideia, um sistema parcial de pensamentos, se emancipasse, tornando-se independente e capaz de se desenvolver por conta própria. O resultado é, por um lado, seu desenvolvimento exagerado e, por outro, que a consciência deixa de controlá-la".[20] A histeria, portanto, é uma divisão sistêmica que permite a uma parte negada do eu se mover sem controle.

Janet conta a história de Irene, uma jovem pobre de vinte anos que assistiu à morte lenta e sofrida de sua querida mãe por tuberculose. Depois de várias semanas ao lado dela, no leito, Irene percebeu que a mãe não respirava mais e tentou reanimá-la. Durante o esforço o corpo da mãe caiu no chão, e Irene precisou usar toda a sua força para colocá-lo de volta na cama. Após o enterro, a jovem passou a reviver a morte em transes, revendo seus horrores detalhadamente, ou repetindo tudo na sequência. Depois de reencenar o episódio, regressava à consciência normal e se comportava como se nada tivesse acontecido. Os parentes estranharam que a jovem parecesse não dar importância à morte da mãe. Na verdade, a impressão era de ter esquecido tudo. A própria Irene se mostrou surpresa e perguntou quando e como a mãe havia morrido. "Eu não consigo entender uma coisa", disse. "Por que eu não sofro por causa de sua morte, se gostava tanto dela? Não consigo pranteá-la; sinto que sua ausência não significa nada para mim, como se estivesse viajando e fosse voltar logo."[21]

O trecho me intrigou. Eu me perguntei se havia em mim um vazio similar. Deveria ter sentido mais a morte de alguém que eu amava muito? Por muitos meses depois de sua morte, sonhei que meu pai ainda estava vivo. Estava enganada a respeito de sua morte; ele não havia morrido coisa nenhuma. Irene viu a mãe falecer, ao lado da cama, sem poder fazer nada. Quando meu pai estava morrendo, passei horas com ele, numa poltrona ao lado de sua cama. O oxigênio o ajudava a respirar, mas ele não conseguia mais se levantar sem ajuda. Quando os pulmões falharam, os médicos o reviveram, fazendo um orifício no peito para enchê-los de ar. Eu me lembro do furo. Eu me lembro de seu rosto acinzentado no hospital em Minneapolis, da luz fluorescente feia no quarto pequeno, do senhor idoso do leito ao lado gemendo, atrás da cortina divisória. Eu me lembro de quando meu pai voltou para o lar de idosos e sorriu ao entrar no pequeno quarto na cadeira de rodas, dizendo: "É bom voltar para casa, mesmo que não seja realmente sua casa". Ele e eu conversamos muito nos dias anteriores à sua morte, sobre vários assuntos, e enquanto falávamos eu pensava que era preciso esperar sua morte, me preparar. Ele tinha 81 anos e vivera muito. As pessoas não vivem para sempre. Todos nós morremos. Eu me dizia as platitudes habituais, pensava que as histórias que contava a mim mesma funcionavam, mas desconfiava que talvez estivesse errada.

Janet cunhou uma frase, *la belle indifférence*, que ainda é usada. Em geral a definem como uma estranha ausência de preocupação com a própria doença, especificamente ligada ao transtorno de conversão ou histeria. Um exemplo dado num manual para candidatos à especialização em psiquiatria é revelador: após a morte da mãe em seu país natal, o México, um homem que residia nos Estados Unidos ficou cego de repente. Não foi identificada nenhuma causa física, e ele não parecia preocupado com a falta de visão. Sua atitude indiferente a uma condição tão dramática sugere que ele possa ser um paciente de conversão.[22] No caso de Irene, a indiferença se relacionava com o próprio evento traumático. Seria esse o meu problema? Por que não sofri mais, se o amava tanto? Janet teria dito que a dor se ocultou dentro de mim. Freud teria visto meu problema como uma maneira eficiente de me proteger em relação a um fato que eu não conseguia admitir. O tremor histérico servia a um propósito útil, o encobrimento.

No entanto, uma curiosa indiferença também é notada em pacientes neurológicos que apresentam lesões *visíveis* no cérebro. Pessoas com síndrome de Anton, surgida após a ocorrência de um evento neurológico devastador, como o derrame, perdem a visão mas afirmam que conseguem enxergar. Anton faz parte de um fenômeno muito maior, chamado anosognosia — negação da doença. Todd Feinberg, no livro *Altered egos*, descreve o caso de Lizzy, uma mulher que sofreu derrames nos lobos occipitais do cérebro, onde se situa o córtex visual primário, e ficou completamente cega. "Ela negava a doença, mais tarde a admitia", escreveu Feinberg, "mas nunca agia como se a deficiência visual tivesse alguma importância. Ela conversou durante a entrevista como se não tivesse nenhum problema na vida."[23] Lizzy oscilava entre saber e não saber que estava cega, contudo sua atitude não mudava quando demonstrava ter conhecimento da cegueira. Pelo jeito, ela não se *importava*. Duas pessoas perdem a visão. Numa delas, o córtex visual está intacto; na outra, sofreu danos. Uma delas é caso psiquiátrico, a outra, neurológico, porém ambas manifestam uma estranha falta de aflição por sua deficiência. Existiria alguma ligação entre essas indiferenças? Não estão ambas, de algum modo, dissociadas do que ocorreu com as pessoas? Suas atitudes similares poderiam ser consideradas repressão, para usar um termo psicanalítico? Seria a indiferença psicológica no primeiro caso, mas neurológica no segundo? Claro, nem todas as pessoas que sofrem lesões no córtex visual primário e perdem a visão negam a cegueira; apenas *algumas* delas. E nem todas as pessoas que sofrem do transtorno de conversão apresentam *la belle indifférence*. Mas Irene, o mexicano fictício, Lizzy e eu talvez tenhamos algo em comum: um problema que causa sofrimento. Irene ficou tão traumatizada com a morte da mãe que um fragmento de seu eu repetia as circunstâncias do falecimento seguidamente, enquanto outra parte nada sentia. Será que eu também apresentava um tipo de dupla consciência — uma pessoa trêmula e outra tranquila?

Cerca de seis meses depois do episódio da tremedeira, dei uma palestra no Hospital Presbiteriano de Nova York, parte da série de conferências do programa de Medicina Narrativa da Universidade Columbia, coordenado por Rita Charon. Além de médica, Charon tem Ph.D. em literatura. Sua missão é trazer o relato de volta à prática médica. Sem a narrativa, argumenta ela, a realidade do sofrimento de uma pessoa específica se perde, o que prejudica a medicina. A distinção entre história e anistória é um de seus focos: "O conhecimento não narrativo tenta iluminar o universal pela transcendência do particular; o conhecimento narrativo, ao observar de perto seres humanos individuais lidando com as condições de suas vidas, tenta iluminar aspectos universais da condição humana pela revelação do particular".[24] Em minha palestra descrevi o ataque sofrido durante a homenagem a meu pai, na frente do pinheiro, e usei três profissionais imaginários — um psiquiatra, um psicanalista e um neurologista — para ilustrar como um único evento paroxístico permite diferentes interpretações, de acordo com o campo de especialização. O ponto de vista especializado inevitavelmente informa a percepção. E lá estava eu fazendo um novo discurso, dessa vez perante psiquiatras, psicanalistas e doutorandos em medicina, enquanto descrevia minha tremedeira. Antes da conferência um pensamento me veio à mente: "E se eu tremer de novo?". Na hora de começar, senti as mãos tremerem. Aquilo era familiar, nem pensei muito no assunto. Quanto mais eu falava, mais relaxava. A confissão da tremedeira tinha um propósito, e todos entendiam isso. A palestra foi boa. Meses mais tarde, apresentei uma versão resumida num seminário de literatura em Key West, na Flórida. Antes desta segunda apresentação, eu havia participado de diversos debates públicos sem tremer nem uma vez.

Na data em questão éramos quatro palestrantes. Um romancista popular famoso, que comparecera ao programa *The Oprah Winfrey Show*, falou antes de mim. Fez uma palestra comovente sobre seu trabalho em penitenciárias femininas. A apresentação foi triste, mas teve um final feliz. Apesar das manipulações grotescas por parte das autoridades penitenciárias para oprimir a manifestação das mulheres para quem o romancista lecionava, seus esforços foram bem-sucedidos. As pessoas aplaudiram intensamente, de pé, por um longo tempo. Então chegou minha hora de descrever as aventuras pelos campos da mente, incluindo as aulas de redação a pacientes psiquiátricos no hospital. Não sentia nervosismo nenhum, embora soubesse que minha palestra, comparada com a anterior, poderia parecer hermética. Não pairavam dúvidas sobre minha sinceridade, porém, e eu considerava benéfico o que tinha a dizer. Caminhei até o palco e, no instante em que pronunciei a primeira palavra, aconteceu outra vez. Estava tremendo na frente de centenas de pessoas. Segurei na tribuna, mas os braços, o torso e as pernas balançavam tanto que não havia como disfarçar. Consegui terminar o primeiro parágrafo quando ouvi alguém dizer na primeira fila: "Ela está tremendo". Depois, outra pessoa: "Acho que ela sofreu um ataque". Apoiando as mãos com força nas laterais do púlpito de madeira, enquanto os espasmos terríveis prosseguiam, disse à plateia para ter paciência comigo, que eu discutiria os tremores mais adiante, durante a palestra. Como da primeira vez, minha voz não foi afetada; só passei a falar mais depressa, torcendo para conseguir chegar ao final da fala, quando esperava que os tremores cessassem. Meu marido (que não comparecera à cerimônia da árvore) me contou depois que nunca tinha visto nada parecido. Apesar de eu ter descrito o primeiro ataque a ele, não dava para avaliar a intensidade do que acontecera por um relato. Ele queria subir ao palco, me pegar nos braços e me carregar para fora dali.

Conforme eu discorria sobre o assunto, contudo, os tremores começaram a diminuir; não de pronto, mas aos poucos. Gradualmente os movimentos convulsivos cessaram. No final da palestra eu havia voltado ao normal. Os presentes aplaudiram, compreensivos. Um neurologista, um psiquiatra e um psicoterapeuta vieram conversar comigo no final, e para meu imenso alívio não ofereceram seus serviços, e sim comentários sobre o conteúdo da conferência. Outras pessoas me procuraram para me elogiar pela "coragem". Eu não me sentia corajosa. O que deveria fazer? Não precisava de ambulância. Confiara que o tremor passaria no final da minha fala. As únicas opções eram continuar falando ou deitar no chão e admitir a derrota. Uma amiga que fora minha professora na Universidade Columbia quando eu fazia meu curso de graduação, e que também participava do seminário, disse que foi como ter visto um médico e um paciente no mesmo corpo. De fato, eu havia sido duas pessoas naquele dia — uma oradora razoável e uma mulher durante um ataque de tremedeira. Demonstrei, inteiramente contra minha vontade, a patologia que estava descrevendo.

Passei as horas seguintes exausta, vacilante. Sentia dor nos membros, como num caso de gripe, e um pouco de tontura. Mas, acima de tudo, sentia medo. E se isso continuasse acontecendo? Eu me perguntei se os ataques teriam sido provocados pelo fato de ter mencionado meu pai, ou se teria bastado apenas saber que eu falaria sobre ele. Neste caso, por que não tremi na conferência de Medicina Narrativa? Por que senti tanta calma depois dos dois episódios? A recepção calorosa ao romancista popular teria gerado uma noção subliminar de que meus comentários seriam decepcionantes, após uma narrativa tão bem-sucedida? Teria ficado acordada até muito tarde na noite anterior, ou tomado café demais pela manhã? Eu havia comparecido a uma conferência sobre ataques de pânico proferida por um farmacologista, na qual ele deixou claro que a vulnerabilidade pode ser criada por comportamentos específicos. Fumantes, por exemplo, são mais propensos ao pânico do que os não fumantes. Eu havia abandonado o tabaco anos antes, mas a cafeína era estimulante, poderia ter gerado predisposição aos ataques, no meu caso. O autodiagnóstico de transtorno de conversão não resolvia meu problema, o que era frustrante. Aproximava-se o momento de nova palestra. Eu havia sido convidada para falar sobre um tema completamente diferente no Museu do Prado, em Madri, como parte de uma série de conferências sobre antigos mestres e modernismo. O ensaio já estava escrito, e a apresentação em PowerPoint, preparada. Talvez eu fosse desabar de novo. Tremer sempre que falasse em público. Precisava de ajuda, mas não de personagens saídos da minha imaginação. Liguei para um amigo psiquiatra, em quem confiava, e pedi que recomendasse um profissional sério e capacitado. Num e-mail ele sugeriu que eu poderia ter uma versão de transtorno do pânico, em vez de histeria. Precisaria, portanto, de um medicamento que me garantisse tranquilidade durante uma hora de conferência, no Museu do Prado. Mais tarde, poderia lidar com as questões profundas que provocavam os tremores. E me indicou um farmacologista.

Contei minha história, finalmente, ao dr. E., um psiquiatra real, em seu consultório de verdade. Ele se revelou atento e solidário. Ouviu com paciência o relato sobre enxaqueca, o que eu sustentava ser um único ataque, a sugestão de que eu tinha um tipo de transtorno do pânico, e minha própria teoria sobre transtorno de conversão. Ele me disse, com franqueza, que meus ataques não combinavam com transtorno do pânico, pois eu não estava preocupada, antes deles; que eu não me sentia ameaçada, e sabia que não ia morrer. Ele me dispensou com uma receita de

0,5 mg de lorazepam em comprimidos e a indicação de um especialista em epilepsia. Antes da apresentação em Madri, tomei um comprimido. Não tremi. Marquei consulta com o especialista em epilepsia, porém a cancelei.

Minha jornada, tanto imaginária quanto real, me levou a me mover em círculos, e a causa de meus ataques continuava desconhecida. O lorazepam provavelmente me acalmou o suficiente para inibir a tremedeira, no Museu do Prado. Este e outros benzodiazepínicos são empregados no tratamento de ataques epilépticos genuínos, e também contra ataques de pânico, portanto a eficácia da droga não ajuda um médico a fazer o diagnóstico, no meu caso. Por outro lado, a palestra que proferi nada tinha a ver com meu pai, o que pode ter evitado os espasmos, de qualquer maneira. Para complicar ainda mais as coisas, um placebo talvez tivesse gerado o mesmo resultado. Sabe-se hoje que a simples crença de que uma pílula ajudará numa determinada situação pode aumentar a liberação de opioides no cérebro, fazendo com que a pessoa se sinta melhor; ou, como os autores de um estudo disseram, "fatores cognitivos (ou seja, a expectativa de alívio da dor) são capazes de modular estados físicos e emocionais".[25] *Ideias*, pelo jeito, são poderosas e podem nos alterar. Como Janet destacou, a roda da carruagem não precisa passar por cima da perna; ter a ideia de que isso vai acontecer é suficiente para paralisar o membro. Seria a simples noção da morte de meu pai que provocava os tremores? Ou algum outro fator? A única certeza era que eu não conseguia percebê-lo por meio da consciência; não era capaz de pôr o problema em palavras. A ideia se escondia em algum lugar. Eu me perguntava: seria possível encontrá-la?

Por vezes a teoria precede a tecnologia que comprovará sua veracidade, e por vezes a tecnologia chega primeiro que a teoria.

Neste caso temos os avanços que mudaram a pesquisa em neurociência. Exames como PET (Positron Emission Tomography, isto é, tomografia de emissão positrônica), Spect (Single Photon Emission Computed Tomography, ou tomografia computadorizada por emissão de fóton único) e FMRI (Functional Magnetic Resonance Imaging, imagens por ressonância magnética funcional) são usados para examinar o cérebro e outros órgãos do corpo humano. As imagens coloridas que muitos já viram em revistas e na televisão mostram o fluxo sanguíneo em várias regiões do encéfalo. Segundo a teoria, quanto mais oxigenado o sangue flui, maior será a atividade cerebral. O que as imagens realmente mostram e como interpretá-las, contudo, ainda provoca controvérsias. Tenho ouvido seguidas dúvidas dos cientistas a respeito do que as imagens realmente *significam*, e mesmo assim elas são usadas frequentemente como provas, são fascinantes e instrumentos úteis, apesar de não poderem ser consideradas o ponto-final das pesquisas científicas. Mas, quando o escaneamento do cérebro chega à imprensa popular, os aspectos duvidosos que os cercam já foram quase todos superados. Em 26 de setembro de 2006 a seção de Ciência do *New York Times* publicou um artigo intitulado "A histeria é real? Imagens do encéfalo afirmam que sim". Além de levar ao questionamento do que significa a palavra "real", o título dá uma ideia dos equívocos relativos à doença mental e à relação entre corpo e mente. O argumento implícito de que a paralisia ou um ataque histérico, caso sejam detectados num escaneamento cerebral, deixam de ser uma doença de "coisa da sua cabeça" para se transformar em um problema do corpo, e portanto sua "realidade" se confirma. "A histeria parecia ser uma extravagância extinta no século XIX", escreve a jornalista, "útil a objetivos literários, mas sem dúvida deslocada nas pesquisas sérias da ciência contemporânea." Novamente, estabelece-se uma hierarquia. As pessoas ridículas que levam a literatura a sério podem encontrar alguma utilidade para a histeria; mas por que cientistas, os mestres da cultura que determinam nossas verdades, se dedicariam a algo tão retrógrado quanto ela? "A palavra em si soa obscura", prossegue, "um tanto misógina e excessivamente vinculada a Freud, que hoje saiu de moda."[26] A repórter tem razão ao dizer que a histeria tem conotações negativas para as mulheres, e que mesmo quem nunca leu uma palavra de Sigmund Freud se sente à vontade para condenar suas teorias, pois as ideias dele a respeito da histeria, por exemplo, não estão mais em voga. De todo modo, por mais valiosas que possam ser, as imagens cerebrais não *explicam* a conversão.

Elas demonstram a existência de relações neuroanatômicas com a paralisia ou a cegueira histérica — uma alteração orgânica —, mas como isso ocorre não pode ser descoberto por um FMRI; essas imagens tampouco mostram aos médicos como tratar seus pacientes de transtornos de conversão. Em *Advances in psychiatric treatment* [Avanços no tratamento psiquiátrico], Sean Spence, depois de repassar estudos de imagens cerebrais de sintomas de conversão, bem como de outros distúrbios psiquiátricos que envolvem algum problema *corporal*, incluindo a anorexia e as alucinações auditivas, afirma:

> Talvez a mais sutil lição desta revisão seja a falta de especificidade de todas as descobertas até então descritas. Embora possamos prever que um paciente que descreve perturbações corporais de "algum tipo" apresentará anormalidades em determinadas regiões prováveis do cérebro, teríamos muita dificuldade em modificar o diagnóstico ou o tratamento, com base no escâner cerebral.[27]

Mesmo assim, os sintomas de conversão são tão "reais" quanto qualquer outro sintoma, e eles podem estar associados a choques e traumas emocionais.

Justine Etchevery foi a primeira paciente de histeria de Charcot. Antes de ser internada em Salpêtrière, acumulou tragédias durante a vida inteira. De uma família com catorze filhos, testemunhou a morte da maioria dos irmãos, ainda pequenos. Ela sobreviveu ao tifo e à cólera. Na instituição onde trabalhava, um homem a atacou e tentou violentá-la. Aos 25 anos, durante o primeiro ataque convulsivo, caiu em cima do fogo e sofreu queimaduras sérias, além de perder a visão de um olho. Quando chegou em Salpêtrière, sofria de paralisia e insensibilidade do lado esquerdo. Internada no hospital, sofreu outro ataque violento e, como decorrência, perdeu o uso do braço esquerdo e logo depois dos demais membros. As "contraturas" duraram oito anos. Então, em 22 de maio de 1874, quando estava deitada no leito hospitalar, sofreu um ataque súbito de sufocamento. Ao notar que a rigidez do lado direito do maxilar inferior e da perna direita cessara, ela gritou às enfermeiras: "Quero sair da cama! Quero andar!". Depois de anos de paralisia, Justine levantou da cama e caminhou.[28] A histeria pode operar milagres.

A história resumida de outro paciente de conversão foi descrita no apêndice de um artigo da *Brain*, em 2001:

> Paciente V. U. Mulher de quarenta anos, destra, que havia fugido da Argélia na infância, escapou ao tiroteio em que morreram parentes seus. Uma dor crônica no pescoço, com irradiação para o braço esquerdo, a atormentou por muitos anos, após um acidente automobilístico sem ferimentos. Não houve registro anterior de diagnóstico somatoforme ou psiquiátrico. Sentiu fraqueza e dormência no braço esquerdo, dois meses depois de ter arrastado móveis, quando forçada a mudar para a Suíça. Ela não conseguia levantar e manter o braço esquerdo estendido, só fazia movimentos lentos e restritos com os dedos. Perdeu praticamente a sensibilidade a toques leves no braço inteiro, sem distribuição radicular.[29]

Embora os autores do artigo de *Brain* estabelecessem uma conexão implícita entre os eventos negativos vividos pela mulher e a doença, elés não se detiveram nisso. Seu trabalho consistia em examinar exames cerebrais, nos quais encontraram "assimetrias" subcorticais em todos os sete pacientes examinados, e essas assimetrias desapareceram nos quatro que se recuperaram. Como Justine, V. U. sofreu diversas experiências traumáticas sobre as quais não teve controle, e não apenas uma. A similaridade entre a "fuga" na infância e a movimentação "forçada" na idade adulta não pode ser ignorada. O segundo evento mimetizou o primeiro.

O *DSM* não conta histórias. Não contém casos de pacientes reais ou fictícios. Etiologia, o estudo das *causas* das doenças, não faz parte da obra. Sua missão é puramente descritiva; seu objetivo é reunir sintomas sob títulos que ajudarão no diagnóstico médico dos pacientes. Há um complemento, o *DSM-IV Casebook*. Vale observar que as narrativas sobre médicos e pacientes reais se encontram em um volume separado do manual diagnóstico. O fato é que todos os pacientes possuem histórias, e elas necessariamente fazem parte do *significado* de suas doenças. Isso pode ser ainda mais verdadeiro no caso de pacientes psiquiátricos, cujas histórias com frequência estão tão emaranhadas com a doença que não é possível distinguir uma da outra.

Certo dia, no hospital, trabalhei com uma moça de quinze anos. B. era minha única aluna naquela tarde, e eu lhe disse que estava ali para ajudá-la a escrever. Ela disse que não queria escrever. Respondi que nunca obrigava ninguém a escrever nada, e passamos um bom tempo conversando. Então, sem avisar, ela pegou o lápis e redigiu uma história sobre duas meninas. Elas se conheceram na escola, gostaram uma da outra e começaram a se corresponder por meio de cadernos que trocavam diariamente. O segredo era necessário, pois as duas meninas tinham pais autoritários, violentos, e temiam que alguém ouvisse suas conversas pelo telefone. Encontraram certo consolo na correspondência diária, mas, passados alguns meses, o pai de uma delas descobriu o caderno da filha e poucos dias depois mudou de cidade, levando-a. A menina que ficou nunca mais viu a amiga. Elogiei o relato, comentando que era muito triste. Minha aluna ergueu os olhos para mim e disse: "É a minha história". Após uma pausa, ela me encarou e contou: "Fui espancada pelo meu pai e estuprada pelo meu irmão. Por isso tudo é tão difícil para mim". Tive dificuldade para fazer qualquer comentário. Quando saí do hospital naquele dia, me perguntei se seria possível distinguir sua doença da história que me contou, de violência e estupro. A narrativa não fazia parte da própria doença? As duas coisas podem ser separadas?

Désiré-Magloire Bourneville, jovem alienista que trabalhou com Charcot, redigiu relatos clínicos detalhados de pacientes histéricos em Salpêtrière. "Em seu delírio", escreveu, "os histéricos guardam reminiscências de eventos ocorridos havia muito tempo em suas vidas, dores físicas e até sentimentos psicológicos [*des émotions morales*], eventos que provocaram os ataques no passado [...] nada é mais certo do que sua lembrança desses eventos emocionais."[30] Mais tarde, Freud e Breuer prefeririam a frase muito mais famosa: "Histéricos sofrem principalmente de reminiscências".[31] A jovem no hospital não era paciente de conversão. Não sei qual foi seu diagnóstico, mas ela obviamente sofria com a lembrança de ter sido surrada e violentada. Histórias verdadeiras não podem ser contadas no futuro, só no passado. Nós as inventamos a partir da posição favorável do presente, dizendo a nós mesmos como transcorreram. Não está claro por que uma pessoa que foi maltratada pelos pais se torna psicopata, outra que sofreu violências similares se torna profundamente deprimida e outra ainda desenvolve uma paralisia inexplicável. O que está claro é a memória como elemento essencial do que somos, e as lembranças podem ser tanto explícitas quanto implícitas — conscientes e inconscientes. Freud não foi o primeiro a argumentar que boa parte do que o cérebro faz é inconsciente. No século XIX o psicólogo inglês William Carpenter, o psicólogo alemão Gustav Fechner e o médico alemão Hermann von Helmholtz defenderam que havia um inconsciente psicológico, e não apenas fisiológico. Pensamentos, memórias e ideias podiam existir fora de nossa percepção consciente. Freud tentou compreender de que modo o inconsciente processa as tarefas psíquicas.

Nenhum neurocientista atual nega a existência de um inconsciente. Mas é estranho pensar que não faz muito tempo o conceito era visto com desconfiança. Depois de minha temporada no Centro Médico Mount Sinai, fui enviada a um psicólogo, o dr. E., que me ensinou *biofeedback*. Fui ligada por eletrodos a uma máquina, e por um período de oito meses aprendi a relaxar, aumentar a circulação sanguínea, aquecer as extremidades do corpo e reduzir a dor. O dr. E. era behaviorista. Eu me lembro claramente de ter ouvido dele estas palavras: "Se houver um inconsciente, o que é que tem?". O behaviorismo fechou a porta do inconsciente porque seus defensores afirmavam que tudo o que se precisava entender dos seres humanos podia ser deduzido pela observação de seu comportamento — uma visão de fora. As regiões obscuras da primeira pessoa não passavam de armadilha. E, contudo, a doença, qualquer doença, é vivenciada por *alguém*. Existe uma fenomenologia do estar doente, e ela depende de fatores como temperamento, história pessoal e cultura na qual se vive.

Eu continuei a tremer. Tremia mesmo tomando lorazepam, mas não em todas as aparições públicas: só em algumas. Quando meu último romance foi publicado, o narrado por meu irmão imaginário, no qual usei parte das memórias que meu pai havia escrito para a família e os amigos, e li trechos para a plateia, eu tremi. Quando compareci a um debate sobre a morte na literatura, na Austrália, eu tremi. O problema sempre acontecia do mesmo jeito. Eu tremia, continuava falando, melhorava aos poucos. No entanto, era preciso um esforço imenso para *não* permitir que as violentas convulsões de meu corpo me distraíssem, e comecei a me perguntar se suportaria a pressão. O que me pegava de surpresa tornou-se familiar. O que antes parecia uma ocorrência bizarra sem ligação consciente com um sentimento identificável tornou-se mais e mais um caso extremo de medo do palco — inteiramente irracional, mas vinculado a momentos em que eu me expunha ao escrutínio público. Tudo o que se relacionava a uma apresentação provocava em mim ansiedade e preocupação. A qualquer momento o sabotador incontrolável dentro de mim poderia aparecer e perturbar minha palestra. Foi quando descobri o betabloqueador Inderal. Anos antes eu havia tomado Inderal para enxaquecas. Não adiantou muito para as dores de cabeça, mas a conselho de um amigo passei a ingerir 10 miligramas do medicamento antes de palestras e conferências, e *funcionou*. O Inderal (ou propranolol) é um medicamento para pressão sanguínea; um bloqueador de adrenorreceptor que interrompe a liberação dos hormônios do estresse.

Pode-se imaginar que a narrativa da mulher trêmula acaba aqui, dada a bem-sucedida eliminação dos ataques durante eventos, na presença de estranhos, o que me aliviou e até alegrou. Não foi, porém, o que aconteceu. Quando excursionava por Alemanha e Suíça, tomei propranolol antes das palestras que dei em seis cidades, sem tremer. Na última, Zurique, tomei a pílula e falei sem tremer, mas senti um formigamento elétrico nos membros. Era como se eu tremesse sem tremer. Enquanto falava eu me censurava internamente, dizendo: "Cuide disso! Isso é você! Cuide disso!". Claro, o fato de eu falar comigo como se fosse outra pessoa sugere a ocorrência de uma ruptura — uma sensação ruim de que duas Siris estavam presentes, e não uma só. Naquele instante, eu me sentia exausta de tanto viajar de uma cidade para outra, de dar entrevistas e palestras todos os dias, por causa da ansiedade inevitável por medo dos tremores, e de distribuir partes de minha vida interior mais profunda a outras pessoas, na forma de leituras de um livro que derivava diretamente da morte de meu pai. Embora a solução farmacológica inibisse o problema exterior, não solucionava o mistério. Não me revelava o que estava acontecendo.

Os betabloqueadores têm sido usados para moléstias do coração, ansiedade, glaucoma, hipertireoidismo e problemas neurológicos, como enxaquecas. Em *Basic and clinical pharmacology*, na seção intitulada "Doenças neurológicas", os autores admitem não saber por que o propranolol é eficaz em algumas enxaquecas. Eles dizem:

> Uma vez que a atividade simpática pode elevar o tremor muscular esquelético, não surpreende que *beta-antagonistas sejam capazes de reduzir certos tremores.* As manifestações somáticas de ansiedade podem responder intensamente a baixas doses de propranolol, em especial quando tomadas profilaticamente. Por exemplo, comprovou-se benefício em músicos com ansiedade de performance ("medo do palco")[32] (grifos da autora).

A "atividade simpática" faz parte do sistema nervoso autônomo, nosso lado que entra em giro alto durante uma emergência ou situação estressante. Automática e involuntariamente. Tudo isso se encaixa no meu caso, mas por que eu, sem nenhum alerta, de repente passei a sofrer de medo do palco, aos 51 anos? Por alguma razão, após muitos anos de relativa calma, eu desenvolvi espasmos terríveis, que quase me derrubavam, diferentes dos tremores nervosos antes facilmente ocultáveis. Por que eu não senti ansiedade antes dos primeiros ataques de tremedeira, se eles estavam relacionados com a ansiedade? Por que consigo falar calmamente durante todos os ataques? Onde está a sensação de sufoco e taquicardia típicos do pânico em outras situações?

O propranolol também é empregado para tratar lembranças debilitantes repetitivas do transtorno de estresse pós-traumático (TEPT). Não elimina as lembranças; na prática, reduz sua intensidade e as torna mais suportáveis. O cientista cognitivo Larry Cahill realizou uma pesquisa na qual demonstrou os efeitos desse medicamento na memória. Dois grupos de pessoas viram séries de imagens que no início eram idênticas. Todos viram as quatro primeiras imagens, depois a narrativa mudava para uma história neutra (um menino e seus pais visitam um hospital e acompanham um treinamento sobre procedimentos emergenciais), ou uma história com forte carga emotiva (o menino foi gravemente ferido num acidente e é levado às pressas para o hospital, onde os cirurgiões reimplantam o pé arrancado).[33] Antes de assistir a uma das duas histórias, os participantes recebiam propranolol ou um placebo. Duas semanas depois eles retornavam, sem ser informados de que suas lembranças das imagens seriam testadas. Os resultados mostraram que as pessoas que receberam placebo apresentavam lembranças nítidas da história que continha o acidente, mas o mesmo não aconteceu a quem tinha tomado propranolol. Em seguida, realizaram com essas pessoas o teste sobre a história neutra — foram obtidos resultados semelhantes nos dois grupos. Quando passamos por experiências emocionais intensas, os hormônios do estresse, epinefrina (adrenalina) e cortisol, são liberados no cérebro e agem como estímulo para manter vivas as lembranças, acredita-se. O propranolol, porém, interfere na liberação desses hormônios e bloqueia o efeito que a excitação emocional causa na memória. Ao que parece, entretanto, não influencia as lembranças normais ou neutras.[34]

A memória emocional também parece ser processada e guardada no cérebro de modo distinto das lembranças corriqueiras, o que pode explicar o fenômeno das recordações traumáticas. Um estudo neurobiológico realizado em 1996 em pessoas que experimentaram tais recordações (*flashbacks*) concluiu que as lembranças são "organizadas num nível perceptual e afetivo com limitada representação semântica, e tendem a surgir inesperadamente como fragmentos emocionais ou sensoriais relacionados ao evento original, com estabilização conforme o tempo passa".[35] Trata-se de uma maneira elaborada de dizer que as coisas que voltam em recordações do tipo *flashback* não são lembradas por meio da linguagem, e sim pelas emoções e sensações. Depois de um acidente de carro, tive *flashbacks* por quatro noites seguidas. Cada vez que eu ia dormir, acordava sentada na cama, apavorada, com o coração disparado, depois de reviver o momento do impacto: a van em alta velocidade, o som ensurdecedor do vidro e do metal explodindo ao meu redor. Por quatro noites seguidas eu revivi o acidente: a van bateu do lado do passageiro do carro, onde eu estava sentada. Não guardavam semelhança com nenhuma lembrança que eu já tinha tido. Não as procurava, e elas não foram provocadas por um estímulo externo — um aroma, sabor, visão ou som. Simplesmente vieram, e quando vieram era o presente, e não o passado. O que havia acontecido aconteceu de novo.

Em *History beyond trauma* [A história além do trauma], Françoise Davoine e Jean-Max Gaudillière, dois psicanalistas que pesquisaram exaustivamente a questão, tratam da curiosa alteração do tempo entre as pessoas que sofreram traumas. "Era uma vez", escreveram, "torna-se 'Era nenhuma vez'".[36] A memória do trauma não possui narrativa. As histórias sempre acontecem no *tempo*. Elas têm sequência e situam-se sempre para trás em nossas vidas. Minhas quatro noites de reencenação foram mudas. Eu não podia dizer: "Sim, isso aconteceu faz quatro dias, quando meu marido, minha filha, nosso cão e eu voltávamos para casa, vindos do interior. Uma van em alta velocidade chocou-se contra nosso carro num cruzamento. O carro foi totalmente destruído, mas nós sobrevivemos". A experiência não teve contexto (volta do interior), local (cruzamento da Third Street com a Fourth Avenue, no Brooklyn), e a distância não a diminuiu (não está acontecendo agora; ocorreu ontem, ou no dia anterior). A violência surgia em meu sonho, vinda do nada, e me assustava com a mesma intensidade do acidente em si.

Sei que o impacto foi terrível, pois ele regressou por quatro noites seguidas, mas minha lembrança do instante da catástrofe não está mais presente em minha mente. Recordo-me dos momentos transcorridos *depois* da batida, contudo, com absoluta clareza e precisão. Eu me lembro de estar sentada no banco do carro, paralisada, tentando ver se estava inteira, sem mexer a cabeça. Eu me lembro de olhar através do para-brisa estilhaçado, ver o céu, notar que tudo era branco, preto e cinza. Lembro-me do bombeiro dizendo que o equipamento para abrir o carro fazia muito barulho, e de minha indiferença, de uma indiferença tão profunda que eu disse a mim mesma, com todas as palavras: "Se você tiver de morrer agora, até que não será de um modo muito ruim". Na ambulância, o paramédico que monitorava minha pressão sanguínea, em queda livre, enquanto a sirene soava acima de nossas cabeças, perguntou se eu era muito clara. Expliquei que vinha de uma família do norte da Europa, e que era bem branca, mas que as pessoas não costumavam estranhar minha brancura. Sem dúvida eu havia empalidecido bastante após o acidente. Não sabia se tinha quebrado o pescoço ou não, se ia morrer ou ficar deficiente pelo resto da vida; mesmo assim, não sentia medo nem aflição. Minha percepção permanecia normal. Na verdade, pensei que, se ficasse alerta para tudo e sobrevivesse, poderia usar o material num romance. Dadas as circunstâncias, a ideia hoje me parece bizarra, mas o distanciamento da catástrofe em potencial deve ter servido a um propósito, adaptação e proteção: a alienação é uma armadura contra o real. A vozinha na minha cabeça continuava sua jornada narrativa, tagarelando de maneira razoável, mas as emoções se recolheram.

Onno van der Hart, Ellert R. S. Nijenhuis e Kathy Steele, em seu livro *The haunted self* [A personalidade atormentada], discutem o trauma e a dissociação.[37] Na linha de Janet e outros, eles argumentam que experiências dissociativas se devem a uma divisão nos sistemas psicobiológicos de uma pessoa em sofrimento. Adotando a terminologia desenvolvida por Charles Myers, que estudou o trauma entre os veteranos da Primeira Guerra Mundial, principalmente, eles usam Personalidade Aparentemente Normal e Personalidade Emocional para identificar a ruptura, ou ANP (Apparently Normal Personality) e EP (Emotional Personality). Embora a distinção seja involuntariamente cômica às vezes — sua ANP agiu assim, enquanto a EP aprontou aquilo —, os termos fazem sentido para mim. O perigo é que essa linguagem reduz uma realidade complexa a algo simples demais, e mesmo que os autores a empreguem para ajudar na compreensão dos intricados mecanismos envolvidos, ANP e EP se aproximam perigosamente do conceito de múltipla personalidade, um diagnóstico que deixa muita gente incomodada, porque durante algum tempo os psicoterapeutas pareciam encontrar tal multiplicidade por todos os cantos. Ouvimos falar muito de personalidades hospedeiras e *alter ego*, bem como de lembranças traumáticas recuperadas, algumas delas altamente suspeitas. A resposta do *DSM* foi mudar a nomenclatura de transtorno de múltiplas personalidades para transtorno dissociativo de identidade, ou DID (Dissociative Identity Disorder). Assim se alivia a ênfase na ideia de "muitas pessoas dentro de uma", típica da doença, e mostra haver algo de errado com a *identidade* do paciente como um todo. Em vez de ser várias pessoas distintas, trata-se de uma personalidade fragmentada. Como Ian Hacking destaca em *Rewriting the soul: multiple personality and the sciences of memory* [Reescrevendo a alma: múltipla personalidade e as ciências da memória], a percepção altera a doença:

> Alguns médicos tiveram casos de múltiplas personalidades entre seus pacientes, nos anos 1840, mas sua visão do transtorno era muito diferente da que se tornou comum nos anos 1990. A visão dos médicos diferia porque os pacientes eram diferentes; mas os pacientes eram diferentes porque as expectativas dos médicos eram diferentes.[38]

Em outras palavras, a sugestão é poderosa, e os seres humanos estão mais vulneráveis a ela do que gostaríamos de acreditar.

Hacking não afirma que não existem pessoas traumatizadas, nem que elas não sofram de sintomas que podem parecer esquisitos. Ele traça o desenvolvimento de um diagnóstico popular no século XIX, significativamente considerado uma forma de *histeria*. As múltiplas personalidades perderam terreno junto com a histeria e regressaram no final do século XX em formato diferente. Hacking desaprova a palavra *dissociação*, pois seu significado é amplo e utilizado para definir uma diversidade de estados. Creio que sua objeção ganha peso pelo fato de esse termo ter se tornado uma palavra de ordem para os defensores do transtorno de múltiplas personalidades durante os anos 1990, quando a guerra pela recuperação da memória foi travada, e os psicoterapeutas divulgaram artigos em publicações especializadas chamadas *Dissociation* e *International Society for the Study of Dissociation*. Ele tem razão ao dizer que a palavra se tornou difusa, empregada por médicos que podem ter incentivado a pluralidade nos pacientes por meio da sugestão. Não obstante, parece haver uma resposta defensiva nos seres humanos que envolve algum tipo de distanciamento ou transferência do insuportável — a proximidade da própria morte ou da morte de outros. Justine, em 1874, e V. U., em 2001, habitaram diferentes ambientes médicos, mas isso não significa que inexistam similaridades entre os casos.

A estranheza da dualidade permanece, uma sensação intensa de um "eu" e de um outro incontrolável. A mulher trêmula não é alguém com *nome*, seguramente. Trata-se de uma estranha muda que surge apenas durante minhas falas públicas. Numa de suas conferências em Harvard, Janet referiu-se a um caso de tremor histérico: "Em certos casos raros pode-se encontrar debaixo dos tremores [...] a existência de uma ideia fixa separada da consciência [...] Mas, na maioria dos casos, não há nada por trás dos tremores a não ser um *estado emocional vago* e uma transformação da função motora dos membros".[39] Quando tratava de casos de anestesia histérica, ele escreveu: "Na realidade, o que desapareceu não foi a sensação elementar [...] e sim a faculdade que permite ao sujeito dizer claramente 'Sou eu quem sente, sou eu quem ouve'".[40] A histeria, sob esse ponto de vista, é um desarranjo da subjetividade, da propriedade do eu.

Mas quem é o dono da personalidade? É o "eu"? O que significa ser íntegro, e não fragmentado? O que é a subjetividade? Uma propriedade singular ou plural? Passei a pensar na mulher trêmula como outra personalidade indomável, um sr. Hyde de meu dr. Jekyll, uma espécie de duplicata. Os duplos na literatura quase sempre atormentam e sabotam os desejos e ambições de seus originais, e com frequência assumem o controle. O gêmeo misterioso e rival de "William Wilson", conto de Edgar Allan Poe, é idêntico ao primeiro William Wilson em todos os aspectos, exceto quanto à incapacidade de falar alto, já que é capaz apenas de emitir sussurros que soam como ecos assombrosos da própria voz do narrador. O herói ignorante de Dostoiévski em *O duplo*, o sr. Golyadkin, treme no consultório médico pouco antes da aparição do segundo sr. Golyadkin, ladino e ambicioso: "Seus olhos cinzentos reluziam estranhamente, os lábios começaram a tremer, todos os músculos, todos os traços da face se moviam e esforçavam. Ele tremia inteiro".[41] No conto "A sombra", de Hans Christian Andersen, uma sombra substitui o dono: "E de repente a sombra era o dono, e o dono era a sombra".[42] Original e cópia se enfrentavam.

Mas histórias de duplos também existem fora da ficção, na literatura neurológica. Alguns pacientes de enxaqueca viram imagens duplicadas de si, como parte de suas auras. Conhecidas como alucinações autoscópicas, essas visões são espelhos da personalidade. O doente de enxaqueca vê seu duplo, algumas vezes imóvel, em outras caminhando a seu lado, copiando todos os seus gestos. O neurologista Klaus Podoll, realizador de pesquisas abrangentes em auras de enxaqueca, incluiu no site que compartilha com o colega Markus Dahlem uma história a respeito do botânico sueco Lineu: ele costumava ver seu duplo antes de uma crise de enxaqueca e certa vez teria entrado numa sala de conferências para falar, mas foi embora ao notar que já havia alguém no pódio. Ele confundiu a própria alucinação do duplo com outra pessoa.[43] Num estudo, Todd Feinberg e Raymond Shapiro relatam o caso de uma paciente, S. M., portadora de atrofia da região temporoparietal do cérebro. S. M. confundia sua própria imagem no espelho com um duplo, a quem se referia como "a outra S. M.". Como era surda, usava a linguagem de sinais para se comunicar com sua imagem no espelho. S. M. se dava muito bem com seu outro eu, mas confessou haver certas discrepâncias entre elas. A outra S. M. não era tão proficiente nos sinais, nem tão inteligente quanto a S. M. original.[44] Se eu estivesse condenada a me ver de fora como outra, sem a capacidade de identificar aquela pessoa como eu mesma, só Deus sabe os defeitos que eu encontraria. Em contraste com S. M., outra paciente de Feinberg, Rosamund, detestava sua imagem no espelho e, como William Wilson, a tratava como se fosse uma gêmea má: "Sua vadia! Vá para casa... nos deixe em paz!".[45] Sua fúria chegou ao ponto de ela ameaçar a intrusa de morte. No mínimo, essas histórias indicam que qualquer concepção da personalidade como única pode ser objeto de revisão. S. M. e Rosamund confundiam apenas suas imagens no espelho, não o reflexo dos outros, o que sugere haver uma distinção neurológica a respeito do reconhecimento do eu refletido. As duas mulheres reconheciam sem dificuldade os reflexos alheios no espelho, e se um dos médicos apôntasse para o corpo da paciente e pedisse a ela que identificasse a quem pertencia, ambas não teriam dificuldade para reconhecê-los como seus.

Bebês e muitos animais não se reconhecem no espelho. Meu cão Jack não se interessa por seu reflexo e não faz ideia de que pertence a ele. A certa altura de seu desenvolvimento, os seres humanos, alguns primatas, elefantes e uma espécie de golfinho são capazes de entender que olham para si mesmos, e não para outros. É um privilégio dos mais desenvolvidos. O psicanalista Jacques Lacan chamou essa virada na vida humana de estádio do espelho (*stade de miroir*), identificando o momento em que a criança olha para seu reflexo e se vê como um ser inteiro, como se observasse a si através dos olhos de outra pessoa.[46] Mas, na maior parte do tempo, não nos vemos inteiros. Enxergo apenas partes do meu corpo, as mãos e um pouco do braço quando digito, por exemplo, mas nada dele quando passeio pela rua, atenta a cenas, sons e aromas. Em seu estudo sobre a relação da criança com outros, Maurice Merleau-Ponty escreve: "A consciência que tenho de meu próprio corpo não é a consciência de uma massa isolada; é um esquema postural [*schéma corporel*]".[47] Trata-se de uma sensação *introceptiva*, para usar o vocabulário do filósofo. Seguindo Merleau-Ponty, Shaun Gallagher propõe uma distinção entre *esquema corporal* e *imagem corporal*. O primeiro seria um "sistema de capacidade motoras sensoriais",[48] um sistema principalmente inconsciente. Quando estendo a mão para pegar um copo, não preciso observar meu braço se esticar ou medir a distância entre a mão e o copo; faço isso sem pensar.

Minha imagem corporal, por sua vez, é consciente: são as crenças e noções que tenho a respeito de meu ser físico. Sou gorda, magra, feia ou linda; é o eu como objeto, uma percepção do corpo a partir de *fora*, e sugere algo em que Gallagher não se detêve, que uma parte importante dessa construção ocorre no âmbito linguístico. Mas há uma qualidade profundamente emocional de autoidentificação, também. Ver o eu se reveste de uma ressonância afetiva particular, e se essa sensação familiar não acontece, o reflexo perde o sentido. S. M. manteve uma boa operação do esquema corporal, mas, pode-se dizer, perdeu um aspecto de sua imagem corporal, a capacidade de dizer: "Aquela não é outra pessoa, sou eu mesma, parada na frente do espelho". Ela também sofreu um lapso de subjetividade, uma falha em um aspecto de sua soberania individual — neste caso, a posse de seu próprio reflexo.

Os seres humanos são criaturas binárias: dois braços, duas pernas, dois olhos, duas orelhas, duas narinas, dois hemisférios cerebrais que se assemelham, embora os dois lados supostamente controlem diferentes funções. Eles se comunicam por meio de fibras nervosas que interligam as duas metades, o corpo caloso. Nos anos 1960, Roger Sperry iniciou seus experimentos com pacientes que passaram pela cirurgia chamada comissurotomia, a desconexão dos corpos calosos. "Cada hemisfério desconectado", Sperry disse no discurso de agradecimento pelo prêmio Nobel, "se comporta como se não tivesse consciência dos eventos cognitivos do hemisfério adjacente [...] Cada metade do cérebro, em outras palavras, adquire seu próprio domínio cognitivo, amplamente isolado, com sua aprendizagem *perceptiva* e experiências da memória."[49] Somos dois ou um?

Entre as histórias mais estranhas da neurologia destacam-se os casos em que a pessoa parece ter sido cortada ao meio. Os duplos fixam residência em seus corpos, e os lados direito e esquerdo se enfrentam. Quando a mão direita abre uma gaveta, a esquerda a fecha. Depois da cirurgia, alguns pacientes com o cérebro dividido desenvolvem uma síndrome de "estranhamento", ou da "mão estranha". Dahlia Zidel registrou alguns comentários: "Minha mão esquerda tira o cigarro da minha boca, quando estou fumando"; "Eu abro a torneira com a mão direita, e a esquerda a fecha".[50] Pessoas com mão rebelde costumam ralhar com o membro insubmisso, gritando "Mão desobediente!", ou a estapeiam para desencorajar novas estripulias. Um homem precisou segurar a mão que apresentava a tendência marcante de subir pela coxa e apalpar seus órgãos genitais, mesmo quando havia outras pessoas presentes. Em 1908 o neurologista alemão Kurt Goldstein relatou o caso de uma mulher com mão rebelde: "Em determinada ocasião a mão agarrou o pescoço dela e tentou esganá-la; foi necessário retirá-la com uso da força".[51] Depois da morte da mulher o médico descobriu lesões múltiplas no encéfalo, incluindo uma no corpo caloso. Nenhuma dessas pessoas identificava a mão impetuosa e desobediente como "eu". Na verdade, nos casos do gênero o membro insubordinado dá a impressão de se rebelar e ter vida própria; é por isso classificado na terceira pessoa, como exterior ao eu, uma força inteiramente oposta à vontade de seu dono. Com frequência — embora não obrigatoriamente —, a mão *esquerda* é a delinquente. As funções motoras da mão esquerda são controladas pelo lado direito do cérebro, assim como o hemisfério esquerdo controla a mão direita. As áreas que controlam o "eu", a primeira pessoa, o sujeito que fala, contudo, residem normalmente no hemisfério esquerdo, nas áreas dedicadas à linguagem, no cérebro, nos locais discutidos por Freud em seu livro sobre a afasia. Na síndrome da mão estranha há um "eu" que funciona bem, uma personalidade capaz de pensar e falar, civilizada, consciente e bem-intencionada, e outra *coisa* ou *ser* que parece agir sem permissão.

Sou eu quem ouve. Eu sinto e penso, vejo e falo. É aí que eu começo e acabo. Eu me identifico no espelho. Vejo você. Você está olhando para mim. Este é o eu consciente, minha personalidade narrativa, capaz de relatar. Mas não é o ser que treme, nem o que tem *flashbacks*. Mark Solms e Oliver Turnbull citam um dos experimentos de Sperry com um paciente de cérebro desconectado no livro *The brain and the inner world* [O cérebro e o mundo interior]. Uma imagem surge e desaparece na tela, rapidamente. Nesses pacientes, o hemisfério direito percebe a imagem, mas ela não está acessível ao esquerdo. Uma mulher viu imagens pornográficas. Riu, mas não soube explicar sua reação. "Este caso", escreveram os autores, "demonstra que um hemisfério cerebral inteiro pode processar informações inconscientemente." Mais importante, argumentam, "para refletir conscientemente sobre uma experiência visual, a pessoa precisa recodificar a experiência visual em palavras".[52] A linguagem parece ser vital para a consciência do eu refletido, para a capacidade de dizer: "Vi imagens sensuais na tela, isso me constrangeu e excitou", mas isso não é necessário para registrar as imagens e reagir a elas. As versões da divisão cerebral em lado esquerdo e direito geraram noções populares, porém simplistas, de personalidades direita e esquerda e outras especulações redutoras, como atribuir o consciente ao hemisfério esquerdo e o inconsciente ao direito. Sperry e outros demonstraram que o lado direito não é inteiramente afásico e não verbal, embora seja considerado dominante para as funções espaciais e imagísticas.

Alguns pacientes que não conseguem explicar por que se sentiram chocados, assustados ou alegres por uma percepção inconsciente *confabulam*. S. M. via seu reflexo, mas não o reconhecia, não conseguia *sentir* que era ela, e por isso confabulava com a outra S. M. A confabulação (ou fabulação) não é mentira: o termo neurológico se refere a explicações que pessoas com danos cerebrais apresentam para descrever os mistérios que enfrentam. Quando o hemisfério direito registra uma imagem e a informação não é transmitida ao esquerdo, o neocórtex verbal faz o possível para explicar o que ocorre. Michael Gazzaniga, que trabalhou com pacientes de cérebros desconectados, chamou a isso de "o intérprete do cérebro esquerdo".[53] Nas pessoas como nós, cujo corpo caloso está intacto, há mais correspondência de fluidos entre os hemisférios do cérebro, e nós também interpretamos os mistérios dos diversos estímulos, internos e externos, que chegam aos nossos sentidos. A mulher que treme não é a mulher que narra. A mulher capaz de narrar e interpretar continuava falando, enquanto a outra tremia. O narrador era uma geradora fluente de sentenças e explicações. Ela está escrevendo agora. Confesso que nos momentos mais penosos eu me pergunto se várias teorias intelectuais não se encaixam na categoria das grandes confabulações.

Novamente, é importante notar que *nem todos* os pacientes desconectados têm mãos autônomas; apenas alguns. Mesmo em pessoas com lesões similares, ou que se submeteram a uma comissurotomia, o dano ou lesão não determina infalivelmente os sintomas — isso significa que uma investigação puramente anatômica não fornecerá o motivo de tal ocorrência. O que é mais notável nas pessoas com o cérebro desconectado não é a deficiência, mas a pequena quantidade de problemas que apresentam. Claro, a cirurgia não corta ao meio todo o sistema nervoso. O tronco encefálico não é cortado, portanto alguma comunicação entre as metades permanece. O cérebro, dotado de plasticidade, também se adapta a circunstâncias novas. Cérebros jovens são mais maleáveis do que os mais antigos. Um bebê que perde um hemisfério inteiro do cérebro pode crescer de maneira surpreendentemente normal. Uma criança que perde a visão no início da vida se adapta melhor a essa condição do que um adulto que fica cego; as áreas do cérebro voltadas à visão serão remapeadas pelos outros sentidos, principalmente a função auditiva. Os cérebros podem se reorganizar, e hoje sabemos que a plasticidade, embora diminua com a idade, nunca cessa. Todos os pacientes de cérebro desconectado retiveram uma forte noção de um "eu", um hemisfério esquerdo capaz de interpretar, mesmo quando a interpretação é equivocada em relação ao que foi visto pelo direito. Suas funções linguísticas operam perfeitamente.

"Eu" existe apenas em relação a "outro". A linguagem ocorre *entre* pessoas, é adquirida através de outros, não obstante disponhamos do equipamento biológico necessário para aprendê-la. Se prendermos uma criança num armário, ela não aprenderá a falar. A linguagem situa-se fora de nós e dentro de nós, como parte de uma complexa realidade dialética entre pessoas. As palavras atravessam os limites de nossos corpos em duas direções, para fora e para dentro — portanto, a exigência mínima para um idioma estar vivo é a existência de duas pessoas. A primeira vez que encontrei uma linguagem para dois foi em minha cidade natal. Duas gêmeas idênticas tinham cerca de três anos quando os pais descobriram que elas se comunicavam por meio de um dialeto exclusivo. F. e T. cresceram numa família bilíngue — inglês e francês — e juntaram fragmentos dos dois idiomas para criar um híbrido particular, só delas. Nos anos 1930 os neurologistas russos A. R. Luria e F. Yudovich pesquisaram dois irmãos, gêmeos idênticos de seis anos, como F. e T., que criaram uma língua própria, baseada em gestos e sons primitivos. Os dois meninos apresentavam atrasos significativos em cognição e desenvolvimento de outras áreas. Os neurologistas os separaram e, ao brutal estilo soviético, decidiram dar aulas de russo só para um deles, o Gêmeo A, o segundo a nascer. Pois o Gêmeo A rapidamente superou o irmão, o Gêmeo B, no tocante ao domínio da linguagem: construía sentenças, usando tempos verbais e sintaxe, e desenvolveu a imaginação — ou seja, tornou-se capaz de se projetar no futuro e se lembrar do passado. Também adquiriu a capacidade de compreender jogos não verbais que antes não entendia. Antes de adquirir os instrumentos linguísticos, ele não conseguia participar de jogos formais, não sabia o que fazer com as bolas jogadas para ele, nem quando correr ou pular. O aprendizado do russo organizou sua mente de um modo inteiramente novo.[54] Luria não articulou isso como eu faria, mas a noção humana de *tempo*, essencial para uma consciência operacional, e portanto para construir narrativas, pode muito bem ser adquirida por intermédio da linguagem.

Depois do nascimento do bebê, o córtex pré-frontal se desenvolve significativamente, com dois momentos de aceleração, aos dois e aos cinco anos, e se desenvolve em relação a nossas experiências com os outros. Sua neurobiologia depende do que ocorre fora dele, das interações vitais entre a criança e os pais. Os gêmeos mencionados acima inventaram uma linguagem primitiva própria, que por suas características interferiu no seu desenvolvimento. A falta de riqueza e flexibilidade — em particular, de tempos verbais — criou um mundo de presente contínuo, um tipo de mundo no qual, suponho, meu cachorro vivia. Ele sem dúvida tinha uma memória, ativadas por sinais, até mesmo por alguns de natureza linguística: "Ande", por exemplo, e seu nome, "Jack". Conseguiu aprender muitas coisas — sentar, fazer as necessidades fora, não pular nas pessoas nem comer do nosso prato —, mas tenho certeza de que não devaneava a respeito do futuro, nem sentia saudades do passado. Esta é uma capacidade humana que propicia uma noção de tempo da maneira como a sentimos. Ela nos permite situar eventos passados em nossas vidas, ou imaginá-los daqui a algum tempo. Entretanto, nem todas as experiências humanas existem em sequência autobiográfica. Se retornarmos a Davoine e Gaudillière, à pesquisa sobre pessoas traumatizadas e à afirmação de que "o passado é o presente", torna-se possível compreender o trauma como um tipo de mudez localizada num presente contínuo. Eles argumentam que as vítimas de trauma vivem "fora do tempo".[55] Minha rápida experiência de *flashback* serve como testemunho desse fato. Foi não verbal, involuntária, e *não* ocorreu no passado. Aconteceu de novo. O "eu" que dirige e pensa não participou do evento. Meu corpo trêmulo, de maneira similar, escapa ao controle. Mas, depois de alguns momentos, eu me sentia capaz de esperar que passasse, observando meus membros em movimento se acalmarem lentamente. Existe uma desconexão nisso, decerto, algo que chamaremos de psicobiológico. O propranolol serviu para fechar a porta ao conjunto que serve de gatilho em mim — morte, meu pai, plateia. Teria, porém, meu discurso interior, minha luta para controlar os tremores e manter a calma, ajudado a dominá-los antes de o propranolol vir em meu socorro?

Luria argumenta que a fala facilita

a transição da sensação ao pensamento, e a criação de novos sistemas funcionais. A fala não dá nome aos objetos do mundo exterior, apenas: ela também distingue suas propriedades essenciais e os inclui num sistema de relações com outros objetos. Como resultado, um homem pode evocar a imagem de um objeto específico e usá-la, na falta do original.[56]

A famosa história *fort/da* de Freud, sobre o neto, em *Além do princípio do prazer*, ilustra a questão. O menininho brincava de fazer com que as coisas desaparecessem e voltassem, como o carretel de madeira preso a um cordão. Ele o jogava para fora da caminha cortinada, dizendo *fort* ("fora"), e o puxava de volta, rindo e dizendo *da* ("ali"). Freud interpretou a brincadeira como uma forma de a criança dominar os conceitos de ausência e presença, da chegada e saída da mãe.[57] Lacan enfatizou mais tarde o aspecto linguístico e simbólico do jogo, em que as palavras são usadas para controlar o que está ausente. Empregamos símbolos, e eles nos dão poder sobre o que não está mais lá, ou ainda não chegou. Organizamos o passado como uma memória autobiográfica explícita, aquilo que Antonio Damasio chamou de "eu autobiográfico"; os fragmentos se fundem numa narrativa, que por sua vez direciona nossas expectativas para o futuro. Não pode haver eu autobiográfico sem a linguagem.

Foi Bertha Pappenheim, a famosa paciente histérica de Breuer, conhecida como Anna O., quem cunhou a expressão "the talking cure" [a cura pela palavra] em inglês. Por um tempo ela perdeu a capacidade de falar em sua língua materna e passou a utilizar o inglês. Pappenheim tinha "uma série de sintomas histéricos": tosse, paralisia, anestesia e contraturas. Sofria também do que Charcot, Janet, Freud e Breuer chamavam de "dupla consciência"; ela considerava ter duas personalidades, uma "psiquicamente bem normal", segundo Breuer, e outra a que chamava de seu "mau eu". Mesmo quando estava gravemente enferma, ele declara, "um observador atento e silencioso estava, como dizia a paciente, sentado em algum canto de sua mente, observando todas as coisas doidas que aconteciam".[58] O intérprete estava presente. Mas ele não era capaz de controlar o demônio.

Breuer relata que a tosse histérica da paciente começou quando ela estava sentada ao lado do leito do pai doente e ouviu música vinda de uma casa vizinha. A música despertou o desejo de estar com os vizinhos festeiros, e depois disso, quando ouvia música "de ritmo forte", ela reagia com uma *"tussis nervosa"*.[59] O médico tinha razão? A música ativou uma memória implícita do pai moribundo de Pappenheim, e a culpa pelo desejo de abandoná-lo e se juntar a outros jovens, livres para dançar à noite? Temos como saber? Falar pode livrar uma pessoa dos sintomas? Quando estava na frente da árvore, olhei para a placa no chão e li as datas de nascimento e morte de meu pai. Foi aquela a minha música?

Em *O Ego e o Id* (1923), Freud escreve: "A pergunta: 'Como uma coisa se torna consciente?' seria assim mais vantajosamente enunciada: 'Como uma coisa se torna pré-consciente [disponível para a consciência]?' E a resposta seria: 'Vinculando-se às representações verbais que lhe são correspondentes'". Adiante, ele diz que essas palavras são "resíduos de lembranças". Ele não nega que a imaginação visual seja parte do mundo mental recordado, mas argumenta que ela possui características diferentes, pois ter consciência da memória óptica é mais concreto, e

> as revelações [sic] entre os diversos elementos desse tema geral, que é o que caracteriza especialmente os pensamentos, não podem receber expressão visual. Pensar em figuras, portanto, é apenas uma forma muito incompleta de tornar-se consciente. De certa maneira, também ela se situa mais perto dos processos inconscientes do que o pensar em palavras, sendo inquestionavelmente mais antiga que o último, tanto ontogenética quanto filogeneticamente.[60]*

É notável como a distinção freudiana entre o visual-espacial e o áudio-verbal confere com a pesquisa efetuada junto a pacien-

---

* Na tradução brasileira da obra de Freud, editada pela Imago, usou-se a palavra "revelações" em correspondência ao original inglês "relations" [relações], daí a presença do *sic*. (N. T.)

tes de cérebro desconectado. O estudo de Luria também lança uma luz sobre a diferença entre o visual e o verbal. As aulas de língua possibilitaram ao Gêmeo A adquirir a mobilidade de pensamento decorrente da utilização de palavras recordadas que Freud descreveu, enquanto o Gêmeo B permaneceu preso à linguagem baseada em substantivos e bem mais concreta que compartilhava com o irmão, o que retardava seu desenvolvimento mental.

Algumas lembranças podem ser facilmente trazidas à consciência. Outras se tornam vagas, ou surgem apenas como fragmentos. Eu me lembro de um gesto — pôr os óculos sobre a mesa, mas que mesa? Por vezes desço a escada para buscar os óculos de leitura, no entanto, quando chego a meu destino, enredada em inúmeros outros pensamentos, já esqueci o que desejava fazer. Só depois de refazer meu trajeto — voltar ao andar de cima e retornar ao ponto de partida —, consigo lembrar qual era a missão. A memória volta somente quando eu repito o movimento. Certa vez eu examinava uma trinca na xícara de café, e isso trouxe de volta uma lembrança de outra trinca em outro recipiente, que eu tinha visto recentemente. Não saberia dizer o que estava lembrando — uma conversa, um quadro, uma passagem de um livro — e então, de repente, reconheci a imagem, vinha de um sonho cujo restante desaparecera por completo. Faz pouco tempo, minha amiga H. me lembrou de uma experiência desagradável, mas não traumática, que passei muitos anos antes, quando nós duas, aos dezoito anos, viajávamos pela Europa. Fomos a uma festa. Eu conversava com um rapaz num dos cômodos do apartamento quando, sem encorajamento, ele se atirou em cima de mim. Eu o empurrei e fui embora com H. Não pensava na rápida ocorrência havia anos, e mesmo naquele momento a lembrança foi fragmentada e incoerente — uma vaga recordação de luta, medo e alívio. A verdade é que eu não me lembrei realmente daquele evento específico. Ele permaneceu completamente fora de minha consciência até H. revivê-lo. O que Freud chamava de *repressão* envolve lembranças que permanecem inconscientes em razão de o paciente não querer saber delas e que podem ser trazidas de volta à consciência por meio do processo analítico, da cura pela palavra, que permite ao sujeito falante, ao eu, recuperar a experiência.

Os cientistas fazem distinção entre memória semântica, episódica e procedimental. A memória semântica inclui grande parte do que sei do mundo, do fato de que o vidro quebra ao cheiro que o gambá possui e as ideias estéticas de Kierkegaard. A procedimental é implícita. Eu subo numa bicicleta e saio pedalando, pois meu corpo aprendeu a fazer isso e não exige mais pensar no assunto. Ela corresponde ao *schéma corporel* de Merleau-Ponty e ao *body schema* de Gallagher. A memória episódica, por sua vez, é explícita. Pertence a um "eu" consciente de si. Literalmente, é uma recordação, o ato de trazer fragmentos do passado à consciência atual. Parte significativa dela assume forma linguística, é reflexiva e portanto torna possível que eu me veja em mim, mas também me veja de longe — como outra pessoa me veria. Ela me permite especular como faz David Copperfield na primeira sentença do romance de Charles Dickens que leva seu nome: "Estas páginas mostrarão se serei eu o herói de minha própria vida, ou se esta condição caberá a outra pessoa".[61]

Em minha atividade com pacientes psiquiátricos eu usava com frequência um livro do poeta e artista plástico Joe Brainard, chamado *I remember* [Eu me lembro]. A pequena mas extraordinária obra é um catálogo das lembranças do autor. Todas as entradas começam com as palavras "Eu me lembro":

Eu me lembro de que nunca chorava na frente dos outros.

Eu me lembro do quanto ficava embaraçado quando outras crianças choravam.

Eu me lembro do primeiro prêmio que ganhei. Foi no curso básico. Pintei a cena da Natividade. Eu me lembro de uma estrela bem grande, no céu. Ganhou uma fita azul na feira da escola.

Eu me lembro de quando comecei a fumar e escrevi uma carta contando isso a meus pais. Eles nunca mencionaram a carta e eu continuei fumando.[62]

Quando os pacientes redigem seus próprios "eu me lembro" ocorre algo notável. O ato de escrever as palavras *eu me lembro* gera lembranças, normalmente imagens bem específicas ou eventos passados, não raro episódios em que não pensavam havia anos. Escrever tais palavras estimula tanto as ações motoras como as cognitivas. Em geral eu não sei como vou terminar a frase quando começo, mas assim que a palavra *lembro* surge na página algum pensamento me vem à cabeça. Uma lembrança leva a outra. Uma cadeia associativa se forma:

Eu me lembro quando achava meus joelhos feios.

Eu me lembro do homem que disse que meus joelhos eram lindos.

Eu me lembro de nunca mais ter achado meus joelhos feios, depois disso.

Minhas mãos se mexem para escrever, um procedimento corporal interiorizado, inconsciente, que evoca uma vaga sensação ou sentido de uma imagem antiga ou de um evento que emerge no consciente. Assim, a memória episódica está presente e pode ser articulada com assombrosa rapidez. Não interessa o quanto uma lembrança é insignificante, cômica ou triste, os escritores como eu encontram prazer inevitável na extração das pequenas pepitas das minas de ouro mentais. As lembranças mais vívidas emergem, como se vindas do nada. Não há tema estabelecido. Todas as recordações são bem-vindas. Depois desse exercício, muitos estudantes saíram da aula surpresos. "Eu não pensava naquilo há anos", diziam, ou "Eu tinha esquecido tudo a respeito do gato de três pernas do tio Fred, até agora". Como a emoção consolida a memória, as reminiscências raramente são neutras — em geral, apresentam ricas sutilezas de sentimento. A fórmula mágica *eu me lembro* funciona como um catalisador vital. Eu assumo a propriedade do que está para vir. Aquilo é meu, e mesmo que seja difícil explicar como as recordações emergem das profundezas ocultas para a luz do dia, assim que surgem elas passam a pertencer ao autor, e para um paciente psiquiátrico tratado num hospital, para uma pessoa sufocada por uma doença que dificulta a integração com as várias partes de seu ser, que se sente despedaçada, as palavras *eu me lembro* são terapêuticas. Elas deflagram uma lembrança fixa, breve, coerente. Joe Brainard descobriu uma máquina da memória.

Escrever as palavras *eu me lembro* parece funcionar de maneira diferente do que apenas dizê-las. Fiquei intrigada ao deparar com o caso de um menino de treze anos, identificado pelo pseudônimo Neil, num estudo publicado na *Brain*, em 1994. Depois do tratamento com radiação contra um tumor cerebral invasivo, Neil continuou a falar com fluência, mas sua capacidade de leitura se deteriorou aos poucos, num período de dois anos, até que sua alexia se tornou total; ele não conseguia ler mais nada. Começou a apresentar problemas visuais, tinha dificuldade em dizer o nome de objetos familiares e de identificar rostos, e, ainda que conservasse uma lembrança detalhada de sua vida antes do tumor e do tratamento, era incapaz de recordar o que aconteceu depois. Quando um dos pesquisadores o interrogou a respeito de suas falhas de memória cotidianas, Neil disse: "Se eu fizer uma pergunta à professora, quando ela responder eu já terei esquecido o que havia perguntado". Contudo, o menino conseguia desenhar cenas e objetos com precisão, e alguns desenhos foram reproduzidos no artigo — uma árvore de Natal, um coelho no quintal, uma garrafa de suco e um saca-rolhas —, embora não conseguisse identificá-los. Concluiu-se que Neil não tinha lembranças de seu mundo sobre as quais *falar*, mas ele conseguia se lembrar do que ocorria quando começava a *escrever*, apesar de se mostrar incapaz de lembrar ou ler o que tinha escrito. Sua memória, aparentemente, só existia na conexão motora mão-mente. Por exemplo, para responder à pergunta da mãe sobre o que havia feito na escola naquele dia, ele escreveu: "Hoje na escola vi o filme *Meu pé esquerdo*. Também estudei geografia. Vi o [nome do professor] e ele ficou contente. A [nome da professora] vai passar uma lição sobre o que fizemos nas férias". Quando a mãe indagou se ele havia gostado do filme, ele respondeu: "Que filme?". Os autores do estudo também notaram que Neil, por meio da escrita, era capaz de recordar melhor lembranças significativas — experiências com amigos e familiares — do que as listas de palavras neutras que os pesquisadores lhe mostraram durante os testes. Sua memória pós-morbidez, exclusivamente ortográfica, recebia reforço emocional, como ocorre com o resto de nós, que temos recordações normais dos eventos. Minha mão se move enquanto eu escrevo as palavras *eu me lembro*, e o ato em si abre caminho para as recordações. Conforme traçava as letras numa página, Neil lograva transmitir o que o resto dele se esquecera. Neil, ao falar, sofria de amnésia. A mão de Neil, quando ele escrevia, não.[63]

Os autores da *Brain* não sabiam como tratar do caso de Neil. Eles diziam que sua "performance" lembrava "a escrita automática, um fenômeno dissociativo que já foi objeto de estudos intensivos, tanto pela psicologia clínica como pela experimental".[64] Eles não afirmam que a escrita automática era vista como um sintoma espontâneo, nem que a usavam na terapia da histeria. Janet empregou a técnica com pacientes hipnotizados para estimular narrativas traumáticas bloqueadas em suas mentes conscientes. Acreditava-se que os pacientes não conseguiam integrar o material sensorial que os atingia, e isso resultava numa dissociação de seus processos sensório-motores. Quando ele sugeriu que escrevessem sob efeito da hipnose, as narrativas espontaneamente produzidas ajudaram a trazer para o nível consciente eventos que permaneciam ocultos. Os danos cerebrais em Neil criaram um hiato — sua consciência não incluía o que a mão parecia lembrar ao escrever. Os autores também mencionam uma pesquisa de 1986 sobre dois "pacientes neuropsiquiátricos" com epilepsia do lobo temporal e sua disfunção afetiva que produziam várias páginas de texto sem saber disso. Não resta dúvida de que os fenômenos se relacionavam. A questão era: como? E por que os pesquisadores, conhecedores do histórico médico anterior, hesitavam em discuti-lo?

A escrita automática foi amplamente estudada no final do século XIX e início do século XX. Em seu livro *Psycopathology of hysteria*, publicado em 1913, Charles D. Fox descreve o fenômeno (em uma prosa que nos lembra que o jargão não é novidade na medicina):

> Para que a escrita automática ocorra, deve haver uma dissociação da consciência coexistente, com a eliminação da extremidade que funciona automaticamente do campo da consciência. Não somente as funções motoras se dissociam, como, habitualmente, o membro como um todo é elidido da consciência, e, como resultado, as impressões sensoriais originárias nesse membro não são conscientemente percebidas.[65]

Embora os autores do estudo da *Brain* aleguem não existir precedente para o caso de Neil, o que pode ser verdade, há o registro de um caso famoso: o paciente Zazetsky, de A. R. Luria, descrito no livro *O homem com o mundo estilhaçado*. Depois de sofrer ferimentos sérios na Segunda Guerra Mundial, com danos nas áreas parietais e occipitais esquerdas do cérebro, Zazetsky passou a apresentar dificuldades espaciais e cognitivas graves. Como Neil, ele conseguia falar e repetir palavras, mas não conseguia lembrar seu nome nem o endereço, ou nomear com palavras os objetos que o rodeavam. Ele identificou corretamente a parte desaparecida como sua "memória verbal". Após alguns meses internado num hospital, Zazetsky começou a lembrar lentamente fragmentos de seu passado, como nome, endereço e algumas palavras:

> Eu ouvia tudo o que as pessoas estavam dizendo ao meu redor, e pouco a pouco minha cabeça se encheu de canções, lembranças e trechos de conversas que eu entreouvira. Conforme eu me lembrava das palavras e as usava para pensar, meu vocabulário adquiria mais flexibilidade.
>
> No início eu não conseguia lembrar nenhuma das palavras que pretendia usar depois. Mas acabei decidindo escrever para casa, e escrevi uma carta rápida — curta, quase um bilhete. *Eu não conseguia ler nada do que escrevia*, e por isso não queria mostrá-la aos outros pacientes. Para não pensar mais no assunto e evitar irritação, fechei o envelope, escrevi o endereço da minha família e pedi que pusessem a carta no correio. [grifo meu][66]

Zazetsky apresentaria para sempre dificuldades terríveis para ler e entender o que escrevia, entretanto conseguia escrever, e quando escrevia se lembrava, especialmente quando não erguia a mão da página. Em seus volumosos cadernos, ele não só descrevia os sofrimentos causados pelos danos ao cérebro, como trazia de volta, com imenso esforço, todas as lembranças que lograva extrair de sua mente fragmentada. Apesar das deficiências, era um homem com alto senso de consciência pessoal, com um "eu" capaz de refletir e de se adaptar. Trechos dos cadernos de Zazetsky revelam um caráter notável. Intelectualmente curioso, analítico e emocionalmente sensível, Zazetsky serve como testemunha decisiva da estranha e curiosa capacidade da escrita como instrumento da memória.

* * *

Eu me pergunto com frequência o quanto esqueci. Talvez os exercícios diários de "eu me lembro" pudessem me ajudar a recuperar trechos perdidos de minha vida. Neil possuía um sistema de memória que codificava e estocava memórias cotidianas variadas num "lugar" completamente separado de sua consciência comum da vigília, que sofria de sérias deficiências. Ler e escrever funcionam juntos? Em ambos os casos, no de Neil e de Zazetsky, parecem funções relacionadas, mas distintas: uma desapareceu, a outra permaneceu. Será que eu tremo por ter uma dissociação sistêmica? Algumas poucas vezes, depois do advento do propranolol em minha vida, o tremor me surpreendeu novamente. Quando me sentei para dar uma entrevista a um programa sueco de televisão, senti a vibração nas pernas. Não me ocorreu que eu deveria ter tomado o medicamento antes, por precaução. Afinal, não passava de um evento pequeno, informal — apenas o entrevistador e o operador da câmera, instalados numa sala nos fundos de um restaurante. Eu me senti tranquila até o diapasão começar a zumbir. Apertei os braços da poltrona com força, rezando para que ele não irrompesse em espasmos, como num derrame. Isso não ocorreu, mas o fato de não ter ocorrido me pareceu arbitrário, capricho de um estranho desconhecido. Em outra oportunidade fiquei chocada ao sentir o primeiro indício de tremedeira dentro de casa. Abri a boca para ler um artigo curto que redigira para um jovem que reunia casos sobre Berlim para um programa de rádio. Pedi licença e corri para pegar o remédio.

Quem somos nós, de todo modo? O que realmente sei a meu respeito? Meus sintomas me trouxeram dos gregos até a época presente, num percurso que compreende teorias e conceitos construídos sobre várias maneiras de ver o mundo. O que vem a ser o corpo? E a mente? Cada um de nós é um ser singular ou plural?

Como lembramos das coisas, e como as esquecemos? Pesquisar minha patologia tornou-se uma aventura na história da experiência e da percepção. Como *lemos* um sintoma ou uma doença? Como classificamos aquilo que observamos? O que se encontra dentro do quadro, e o que fica fora dele? Os pacientes de Janet não tinham imagens cerebrais, mas Neil tinha. O cérebro de Neil foi escaneado, contudo esse procedimento não explicou a memória ortográfica dissociada. A escrita automática já ocupou posição importante na teoria médica. Hoje é uma curiosidade, um pária que choca os pesquisadores. Por quê?

Embora o interesse por Janet tenha crescido um pouco recentemente, a maioria de suas obras ficou fora de catálogo por muitos anos. Do ponto de vista histórico, uma boa parte da razão é a hipnose. Quando a hipnose foi desacreditada, no final do século XIX, a reputação de Charcot, Janet e outros que a utilizaram em seus pacientes sofreu forte abalo. Chega a ser irônico, pois Charcot resgatou o hipnotismo de sua associação com o médico austríaco Franz Anton Mesmer. A ideia de cura pelo magnetismo animal de Mesmer provocara intensos debates, um século antes de Charcot, mas as ideias do austríaco foram rechaçadas com veemência pela medicina da época. Charcot retomou a prática do hipnotismo em Salpêtrière, e o emprego da técnica maculou seu legado. Um de seus equívocos foi sustentar que *apenas* histéricos podiam ser hipnotizados, uma convicção que se mostrou inválida. Como comentou o médico sueco Axel Munthe, na época, "se o conceito da escola de Salpêtrière de que somente pacientes histéricos podiam ser hipnotizados, isso implicaria que pelo menos 85% da humanidade seria vítima de histeria".[67] O fato de Charcot ter realizado espetáculos públicos espalhafatosos com pacientes hipnotizados, exibindo sua doença a plateias variadas, também o afetou. Ele apresentava a tendência de tratar os pacientes como se fossem marionetes, para demonstrar suas teorias. E, como Georges Didi-Huberman argumenta em seu livro *Invention of hysteria*, o uso que o francês fez da fotografia como instrumento "objetivo" para registro das doenças, contaminado por preconceitos sexuais e manipulações, criou uma noção de histeria teatralizada, ideia que jamais nos abandonou.[68] Nas conversas informais, *histeria* remete a manifestações emocionais exacerbadas, dramáticas. No início da carreira, Freud hipnotizava pacientes e apresentava sugestões a eles, mas depois admitiu que não era bom nisso e parou. Também considerou conveniente afastar-se da escola francesa, que sofria pesadas críticas. Permanecem conosco os temores relativos ao poder de influência e grau de interferência na mente dos pacientes, a partir das sugestões de um médico, estivesse o paciente sob efeito do hipnotismo ou não. O medo assombra a psicanálise, a psicoterapia e muitas formas de tratamento psiquiátrico, desde Charcot. As duras batalhas travadas pela memória, "recuperada" e/ou "falsa", são uma continuação da mesma disputa, embora empreguem linguagem diferente.

De todo modo, na concepção popular, *histeria* e *escrita automática* ganharam tom sépia — termos antiquados que somente médicos antiquados de fraque e cartola usavam. Janet inspirou os poetas surrealistas franceses a tentar a escrita automática para liberar a criatividade do inconsciente. A médium Hélène Smith, no século XIX, praticava a escrita automática em estado de transe, alegando que os textos resultantes provinham do contato com marcianos. A prática tornou-se malvista por sua associação com hipnose, poesia e ocultismo, além do próprio tempo, claro. Sofremos de húbris do presente: a partir de nossa equivocada noção de progresso perpétuo, acreditamos que seguimos sempre em frente, cada vez melhores e mais inteligentes.

Durante a escrita automática, a pessoa não sente que controla o texto. Não escrevi o texto: foi escrito em mim. O fenômeno pode ser chamado de síndrome literária da mão alheia. A sensação de que as palavras são ditadas a quem escreve, em vez de compostas, contudo, não se perdeu no passado. Muitos poetas, Blake e Yeats entre eles, ao lado de autores mais atuais, como James Merrill e Theodore Roethke, sentem que recebem versos de espíritos ou dos mortos, ou os veem simplesmente como relâmpagos de súbita inspiração. Entre os escritores, podemos dizer, isso não chega a ser extraordinário: é bem comum. Quando estou escrevendo bem, com frequência perco todo o senso de composição: as sentenças surgem como se eu não as tivesse escolhido, como se outro ser as manufaturasse. Não é minha maneira costumeira de escrever, que inclui polimento, períodos dolorosos de iniciativas e interrupções. Mas a sensação de ser conduzida acontece diversas vezes durante a criação de um livro, em geral nos momentos finais. Não escrevo; sou escrita. Caso pendesse para explicações místicas, imaginaria talvez que um anjo (ou demônio) se apossara dos meus dedos, enquanto eu digitava. Meu objetivo, porém, não consiste em invocar um querubim ou demônio, e sim enxergar com naturalidade um tema que se tornou tabu na comunidade científica. O que ocorre durante a escrita automática? Autossugestão ou obra do inconsciente? Um texto incubado que de repente se manifesta em palavras? Lembranças subliminares reconfiguradas e das quais se tem consciência? Sem dúvida existe uma relação entre os casos neurológicos de Neil e Zazetsky e os poetas possuídos. Contudo, para os autores de *Brain*, a escrita automática não passa de "um fenômeno dissociativo que foi *um dia* tema de estudos intensivos na psicologia clínica e experimental" (grifo meu). Não é mais. O conhecimento nem sempre se acumula; ele também se perde. Descobertas valiosas são dispensadas junto com noções comprovadamente falsas. Neil torna-se um caso isolado.

Mesmo assim, num compêndio intitulado *Psychiatric issues in epilepsy*, Janet é mencionado numa seção chamada "Para a conceituação dos ataques não epilépticos". E, nas possíveis intervenções e tratamentos, a hipnose é incluída entre as terapias. Os autores retomaram uma versão atenuada do controverso conceito de Charcot: "O hipnotismo pode ser um elemento da dissociação, e o grau de receptividade, uma característica dos diferentes estados psicopatológicos". Sem rodeios: quanto maior a facilidade para hipnotizar uma pessoa, mais propensa ela é à dissociação. Mais ainda, os autores da obra relatam que exames PET "sugeriram uma sobreposição neurofisiológica entre sintomas de conversão e hipnose, com a descoberta de aumento do fluxo sanguíneo regional nas duas condições, como nas regiões orbitofrontal e cingulada anterior".[69] Então, como Charcot e Janet defendiam, a histeria pode ser uma espécie de autossugestão ou auto-hipnose. Segundo o compêndio citado e a pesquisa nele contida, a hipótese neurológica de Charcot sobre a histeria não era tão equivocada quanto se supunha.

A mim parece que retornar às vezes significa ir em frente. A busca pela mulher trêmula me faz dar muitas voltas, pois no final das contas ela é também uma busca pelas perspectivas capazes de esclarecer quem e o que ela é. Minha única certeza é que não me satisfaço em observá-la a partir de um único ponto de vista. Preciso vê-la por todos os ângulos.

Histéricos sofrem principalmente com reminiscências. Qual é o papel da memória no transtorno de conversão? O *DSM* não menciona Charcot, Janet e Freud, mas o autor se refere de forma vaga ao passado da doença: "Tradicionalmente, o termo *conversão* deriva da hipótese de que os sintomas somáticos do indivíduo representam uma solução simbólica de um conflito psicológico inconsciente, reduzindo a ansiedade e servindo para manter o conflito fora da consciência".[70] Vale notar que não se comenta seu valor como ideia, nem se menciona que a memória possa estar envolvida. Isso permanece fora do escopo do manual. Mas consta que os sintomas podem ajudar o diagnóstico, se surgirem "numa relação temporal próxima" a "um conflito ou episódio estressante". Também se destaca que "o transtorno de conversão parece ser mais frequente nas mulheres do que nos homens, com proporções que variam de dois para um a dez por um".[71] Talvez eles devessem acrescentar *na população não combatente*.

Paralisias inexplicáveis, ataques, cegueira, mutismo, afasias e surdez têm sido documentados há muito tempo entre soldados, que até recentemente eram todos homens. O maior número de casos relatados ocorreu durante e depois da Primeira Guerra Mundial, quando as vítimas de neurose de guerra formavam uma legião. A vida nas trincheiras era horrorosa. Os soldados viviam imobilizados. Escondidos em buracos estreitos e compridos, sabiam que a qualquer momento poderiam ser feitos em pedaços. Um tema que liga os casos de conversão é a sensação de vulnerabilidade e impotência. Os eventos os esmagavam. Os combatentes não controlavam nada. Quando os soldados recebiam permissão para sair das trincheiras e não se sentiam mais encurralados, os incidentes de neurose de guerra diminuíam consideravelmente.[72] C. S. Myers descreve um exemplo clássico de histeria de guerra: um soldado inglês estava na trincheira com três companheiros quando um obus os atingiu; dois soldados foram mortos na hora, e os dois sobreviventes foram atirados para a outra extremidade da trincheira. Embora não apresentasse ferimentos visíveis, um deles não conseguia parar em pé nem falar com coerência. No hospital de campanha, permaneceu dezessete dias em estupor e gritou ao acordar: "Lá vêm eles de novo. Viu aquele ali, Jim?". E apagou de novo. Quando voltou a si, estava surdo e mudo. Regressou à Inglaterra, onde viveu nesse estado "até um dia em que sofreu um ataque histérico convulsivo, quando passou a gritar ordens dadas nas trincheiras e recuperou a audição e a fala".[73]

O neuropsiquiatra Ed Weinstein escreveu sobre o transtorno de conversão entre as tropas americanas, da Guerra de Secessão à do Vietnã. Durante a de Secessão, Weinstein alega, "um número considerável de baixas, 28,3%, se deu por epilepsia, e de 20,8%, por paralisia relacionada a transtornos de conversão".[74] A razão para tanto é simples: muitos dispensados voltaram para casa e se recuperaram. A histeria e a guerra andam juntas. O problema é de vocabulário e da magia do nome. Se lhe dermos outro nome, parecerá ser outra *coisa*. Os médicos militares hesitavam em diagnosticar seus homens como vítimas de uma doença que sempre fora associada às mulheres. Como poderiam os combatentes ser histéricos? Ademais, como vimos, a história médica muda, e muitos médicos, ou mesmo a maioria, pouco sabem do que precedeu os quadros diagnósticos contemporâneos de seus estudos. São incapazes de traçar paralelos com o passado. Um caso mais recente, de um estudo israelense, ilustra bem essa dificuldade. Os pesquisadores analisaram 34 registros de pacientes internados com diagnóstico de "transtorno de conversão com paralisia motora". Em 1973, um oficial do Exército "com considerável experiência de batalha" foi ferido quando seu veículo blindado passou por uma mina. Foi levado para ser submetido a uma neurocirurgia plenamente consciente, mas incapaz de mexer as pernas. Uma tomografia computadorizada não encontrou explicação para a paralisia, e a equipe médica notou que, quando dormia, ele movimentava os membros inferiores com intensidade. O paciente melhorou, foi transferido para a ala psiquiátrica e saiu do hospital livre do sintoma, após três semanas de tratamento.

O diagnóstico dizia: "reação de conversão como resultado de transtorno de estresse pós-traumático, TEPT".[75] O diagnóstico intriga. Os sintomas histéricos do paciente se inserem no TEPT, mesmo que ele tenha manifestado *apenas* a conversão. Por quê? Pode ser que, uma vez transferido para a unidade psiquiátrica, os médicos tenham identificado outros sintomas (embora não sejam mencionados, só é citada a completa recuperação), ou simplesmente o histórico militar pode ter sugerido o diagnóstico aos médicos. O *DSM* não menciona a conversão como *parte* do PTSD, apesar da literatura abundante que o relaciona ao trauma. Os autores declaram: "Se os sintomas atendem aos critérios para outro transtorno mental (por exemplo, transtorno psicótico breve, transtorno de conversão, transtorno depressivo maior), esses diagnósticos devem ser preferidos ou complementares ao transtorno de estresse pós-traumático".[76] Uma mulher como Justine Etchevery, que sofreu violência sexual, queimaduras intensas e duas doenças quase fatais, seria diagnosticada hoje como resultado de um transtorno de estresse pós-traumático? Seria o diagnóstico do oficial israelense na essência associativo, uma soma relativa: veteranos de guerra com sequelas de batalha sofrem de TEPT? A forte conexão do TEPT com a guerra lhe confere uma dignidade que a conversão não poderia dar, uma vez que sempre foi e continua relacionada a mulheres?

Durante a Guerra do Vietnã, TEPT tornou-se a abreviatura preferida para abranger os sintomas traumáticos que acompanharam os soldados depois do final das hostilidades. Cada guerra parece criar um nome específico. Mal do soldado, fadiga de batalha, neurose de guerra e *Kriegsnervose* são variantes do tema do trauma psíquico devido ao horror da batalha. Obviamente, a memória desempenha um papel importante na vida dos soldados que sofreram de conversão. Lembranças insuportáveis. Indesejadas. Realidades esmagadoras. Repressão. Ideias e lembranças inconscientes.

Até que ponto a ciência chegou na compreensão do que ocorre às pessoas que apresentam sintomas *psicogênicos* — sintomas de vários tipos que não se enquadram nos diagnósticos neurológicos existentes? Em um estudo de 2006, "Conversion disorder and FMRI", publicado em *Neurology*, Trevor H. Hurwitz e James W. Prichard reviram um estudo recente de exames cerebrais de histéricos. No final da discussão, os autores recuaram 130 anos no passado, até o médico inglês J. Russell Reynolds, "que descreveu a paralisia e outras disfunções motoras, e a sensação baseada numa 'ideia que toma posse da mente e a conduz até sua realização'". Eles prosseguem, na tentativa de "reformular" a afirmação em termos contemporâneos: "As reações de conversão são crenças fixas de disfunções somáticas derivadas do estresse psicológico que controla os caminhos corticais e subcorticais para produzir padrões de perdas ou ganhos de funções que não são orgânicas no sentido convencional".[77] Jean-Martin Charcot estava presente quando Reynolds apresentou o estudo citado por Hurwitz e Prichard, numa conferência da Associação Médica Britânica, em 1869, na Inglaterra, e as palavras do médico inglês exerceram forte influência sobre o neurologista francês; ele as mencionava com frequência e se dedicou a desenvolvê-las.[78] "Crenças fixas" soa parecido com o conceito de Janet, *idée fixe*, ou ideia fixa. Charcot, Janet e Freud também sabiam que a histeria não era orgânica no sentido convencional. Pelos inúmeros estudos e pesquisas que consultei posso afirmar que os conceitos científicos sobre a histeria não avançaram um único centímetro desde que os estudiosos citados pesquisaram a doença, no final do século XIX e início do XX. Dois autores de outro estudo sobre conversão e neuroimagens dizem o seguinte: "Contudo, a questão de quanto os processos psicológicos especiais se transmutam em neurobiologia ainda precisa ser respondida".[79] E não era exatamente essa a questão a que Freud pretendia responder com seu *Projeto* de 1895?

Vigora um consenso generalizado de que os fatores "psicológicos estressantes" desempenham um papel nos sintomas das doenças psicogênicas, e atualmente os escaneamentos cerebrais apresentam provas claras de alterações neurais em áreas cerebrais compatíveis, mas falta uma explicação abrangente. O que Hurwitz e Prichard querem dizer com "não são orgânicas no sentido convencional"? Soa verdadeiro, mas vago. O termo "orgânico" tem sido usado para designar doenças com causa conhecida, nas quais a atividade durante um ataque pode ser vista e medida, por exemplo, ou quando a cegueira pode ser atribuída a uma lesão cerebral, mas *não* para as doenças às quais falta isso. O advento de sinais visíveis de conversão no cérebro parece deixar muitos pesquisadores num vácuo teórico. O que eles têm nas mãos é algo orgânico no sentido *não convencional*.

O problema mente/corpo ainda nos atormenta, tão consagrado como dualidade que se torna quase impossível pensar sem usá-la. A divisão, afinal, criou a distinção entre psiquiatria e neurologia: mente doente *versus* cérebro doente. A histeria, antes no campo da neurologia, acabou empurrada para a psiquiatria. De qualquer maneira, pelas descrições, a maioria dos pacientes de conversão procura primeiro o neurologista, pois aparentemente sofre de problemas neurológicos. A questão aqui, mais uma vez, é de percepção e contexto, quadros disciplinares que estreitam a visão. Sem categorias, não conseguimos entender o sentido das coisas. A ciência precisa controlar e restringir seu campo, ou não descobrirá nada. Ao mesmo tempo, precisa de ideias e interpretações que sirvam de fios condutores, ou as descobertas carecerão de sentido. Quando os pesquisadores estão presos a campos preordenados, porém, que permitem pouco intercâmbio, a imaginação científica é abafada. Os estudos sobre conversão são em geral de pequeno porte, visto não ser fácil reunir pessoas com os mesmos sintomas e, se eventualmente houver descrição dos casos, elas ocupam um par de linhas, como se vê no exemplo de um paciente dos sete que participaram do estudo da *Brain*:

Paciente V. A.

Cinquenta e um anos, mulher, destra, divorciada, cujo filho faleceu de moléstia cardíaca um ano antes da realização do estudo. Fraqueza, sensação de peso e perda de destreza dos membros direitos surgiram depois que seu companheiro sofreu infarto do miocárdio no período em que foi injustamente acusado de abusar de uma adolescente. Nenhuma queixa sensorial.[80]

Coitada da V. A. Imagine a dor de perder um filho por problemas cardíacos, e depois se apaixonar por um homem que teve um ataque do *coração* depois de ter sido *falsamente* acusado de algo como violência sexual ou sedução de uma pessoa jovem. Ela sofreu golpes violentos, relacionados ao coração: o dela e o de pessoas queridas. No coração localiza-se o amor, metaforicamente. Ela ficou com o coração partido. A palavra "período" sugere que o casal precisou passar por uma investigação por tempo indefinido, como se pairasse uma nuvem negra sobre eles desde que acordavam, todas as manhãs, até a hora de ir para a cama. Na maioria dos casos de histeria não há sintomas de loucura. Como muitos pacientes psiquiátricos, os doentes foram repetidamente submetidos a fatores "estressantes", mas não sofreram surtos psicóticos nem saíram uivando pelas ruas. Não foram imobilizados pela depressão. Os sintomas constituem uma expressão metafórica do que eles não conseguem dizer: "É demais. Assim eu não aguento. Se deixar que a dor e o sofrimento aflorem, eles me farão em pedaços". Penso com frequência nas palavras escritas por D. W. Winnicott, psicanalista e pediatra inglês: "A fuga para a sanidade não é saúde. A saúde tolera a má saúde; na verdade, a saúde ganha muito por manter contato com a má saúde em todos os aspectos".[81] Pelo que entendo, ele quer dizer que a saúde tolera certa desintegração. Em algum momento todos nós desabamos, e isso não é necessariamente uma coisa ruim. A falta de unidade pode permitir mais flexibilidade e abrir as portas da criatividade, o que significa ser saudável.

Fiquei muito interessada numa descoberta da pesquisa que incluiu V. A. e V. U., a mulher argelina que fugiu do país depois do assassinato de membros de sua família. Os autores escreveram: "Curiosamente, os mesmos circuitos pré-motores [as redes neurais que exibiram alterações nos sete pacientes de conversão] também estão envolvidos na negligência unilateral motora após danos neurológicos orgânicos, nos quais o uso voluntário do membro pode falhar, apesar da ausência da paralisia verdadeira e dos canais primários sensório-motores intactos".[82] Depois de danos ao lobo parietal direito, alguns pacientes sofrem de *negligência*, também conhecida como *heminegligência*. Eles deixam de notar o lado esquerdo do espaço, inclusive o lado esquerdo do próprio corpo. Por exemplo, uma pessoa portadora desse problema só penteia o cabelo do lado direito da cabeça, come só o que estiver no lado direito do prato e, se lhe pedirem para desenhar uma flor, fará apenas metade dela — a direita. O lado esquerdo deixa de existir. A hemiacinesia é a manifestação motora dessa negligência. Um paciente deixa de usar a perna e o braço esquerdos, mesmo que sejam funcionais do ponto de vista neurológico. Uma paciente por vezes pula com a perna direita, ao andar, mas em outras ocasiões é capaz de usar ambas as pernas.[83] A negligência é geralmente vista como um problema de *atenção*, considerada crucial para a percepção. Um lado do mundo desaparece. Pacientes que sofrem de heminegligência não raro negam ter um braço esquerdo paralítico, por exemplo, e quando lhes mostram o braço eles alegam que pertence a outra pessoa, ao médico ou a alguém que esteja na sala, em vez de aceitar que se trata do próprio braço. O membro se tornou um braço alheio. Os autores estabelecem uma conexão entre sintomas histéricos e hemiacinesia porque parecem envolver as mesmas áreas pré-motoras do encéfalo. A ideia de que doenças orgânicas e não orgânicas (no sentido convencional) podem apresentar as mesmas características neurobiológicas foi considerada notável por eles.

Danos ao hemisfério direito com frequência resultam em síndromes que já foram mencionadas aqui: negação da doença, anosognosia ou o que os neurologistas chamam de *anosodiaforia*, a admissão da doença sem incômodo: *la belle indifférence* de Janet, vista na paciente Lizzy, de Todd Feinberg, que aparentemente não se abalava com a cegueira, nem mesmo quando a admitia, e a negligência. É estranho, mas verdadeiro, que a anosognosia desaparece quando se despeja água fria no ouvido esquerdo de um paciente de negligência. Uma paciente de V. S. Ramachandran não reconhecia que seu lado esquerdo estava paralisado nem que o braço esquerdo não podia mais ser usado. A sra. M. declarava com insistência estar bem, pois podia andar e usar as duas mãos; quando forçada a olhar para a mão esquerda imóvel, alegava que esta pertencia ao filho.[84] Depois que o médico pingou água fria em seu ouvido, ela admitiu espontaneamente a paralisia e reconheceu que seu corpo se encontrava em tal condição desde que sofrera um derrame. Ramachandran confessou que testemunhar o fenômeno o fez levar o conceito de repressão de Freud a sério pela primeira vez. Era óbvio que, no nível inconsciente, a sra. M. *sabia* que estava paralítica, mas no nível consciente ela *não queria* saber.

Karen Kaplan-Solms e Mark Solms citam o experimento de Ramachandran no livro *Estudos clínicos em neuropsicanálise*. Em um dos capítulos eles descrevem cinco pacientes com danos no hemisfério direito que receberam tratamento neurológico e também fizeram psicoterapia. Embora suas lesões não fossem muito diferentes (todos apresentavam danos nas regiões perissilvianas direitas), cada um desenvolveu uma resposta única para seus danos. Não obstante, todos apresentaram várias formas de repressão ou negação das más notícias, ou seja, que não eram os mesmos de antes. As respostas contrastam agudamente com as de Zazetsky, que sofreu danos no hemisfério esquerdo e desde o começo se mostrou plenamente consciente do que perdera. Ele não reprimiu nada. Neil, também, compreendeu que esquecia as coisas e sabia muito bem que, depois do tumor e da radiação para reduzi-lo, ele havia mudado. É fácil concluir que as perdas no lado direito criam uma incapacidade fundamental nos pacientes para entender o que há de errado com eles. Mas os autores discordam: "Esses pacientes estão continuamente codificando informações sobre seus corpos deficientes, e em nível mais profundo têm, sim, conhecimento de suas deficiências e implicações emocionais. A todos eles falta a capacidade — ou, como sugerimos — a inclinação para reconhecer esse conhecimento, a permissão para que entrem em sua consciência atuante". Ou, para repetir as palavras de Janet: "Na realidade, o que desapareceu não foi a sensação elementar [...] e sim a faculdade que permite ao sujeito dizer claramente 'Sou eu quem sente, sou eu quem ouve'". Sou eu quem está doente. Sou eu quem se lembra.

Um dos pacientes, o sr. D., sofreu hemorragia cerebral, mas se recuperou de maneira impressionante. Ele tinha pequenas deficiências do lado esquerdo, em sua maioria concentradas na mão esquerda pesada, que também estava sujeita a espasmos. Os autores destacam que o sr. D., embora tenha negado a doença e negligenciado o lado esquerdo após a hemorragia cerebral, superou os sintomas. No lugar deles, desenvolveu um ódio violento contra a mão esquerda: "Vou esmagar esta mão, picar em um milhão de pedaços e mandar para o cirurgião um por um, pelo correio". Os autores comentam: "A certa altura, o sr. D. declarou literalmente que não sentia que a mão pertencia a ele. Portanto, a mão representava uma parte de seu próprio ser que ele havia tanto *perdido* quanto *renegado*. Uma análise de sua atitude sugere que, de fato, ele tentava transformar a experiência *passiva* da perda numa experiência *ativa* de recusa".[85] Em vez de negligenciar a mão ruim, não admitir que ela estava lá ou que lhe pertencia, ele queria expulsá-la de seu "eu", negando-se a aceitá-la como parte dele.

Outros pacientes estudados por Kaplan-Solms e Solms apresentavam tanto a negação da moléstia como *la belle indifférence*, mas durante as sessões o analista notava que a atitude *blasé* era hesitante. A sra. B., que declarava ter aceitado as deficiências que permaneceram depois de um derrame, sofria de acessos graves de choro, que ela alegava não compreender, mas quando os catalisadores foram examinados — um artigo sobre crianças nascidas sem membros por causa da talidomida, por exemplo —, verificou-se que eles a lembravam de sua perda. A indiferença mascarava o que ela entendia com outra parte de sua mente e servia como proteção contra sentimentos insuportáveis. Outra mulher, que sofria de negligência, anosognosia e dificuldades visuais e espaciais múltiplas, a sra. A., explicava sua profunda depressão dizendo que vivia "perdendo coisas", como os óculos e os cigarros. Mas seu analista associou as pequenas perdas a outras bem maiores: a do útero numa histerectomia, quando ainda era jovem, e a morte do pai, na infância. E cita uma frase dela: "Nunca fui capaz de lamentar a morte de meu pai".[86] Uma perda se vincula a outra, e mais outra. Há muitas perdas. Torna-se mais fácil deter-se no sumiço de óculos e cigarros. Solms e Kaplan-Solms usam os casos para refutar teorias neurológicas específicas que explicam a negligência e a anosognosia mediante a afirmação de que os danos sofridos pelos pacientes como os deles geram diminuição das emoções e uma consciência entorpecida sobre o corpo, e portanto uma incapacidade genuína, *em todos os níveis*, de perceber o quanto a situação é ruim. Os casos estudados por eles sugerem que isso não corresponde à verdade: algo muito mais complexo está ocorrendo.

Negligência e negação da doença podem servir para redesenhar os limites do corpo e liberar o "eu" consciente de se preocupar com as *partes ruins*. O sr. D. tentou se reestruturar sem a mão deficiente, que ele ameaçava cortar e substituir por uma prótese mecânica. Pacientes de conversão, por sua vez, parecem criar inconscientemente uma parte ruim no corpo, ou uma deficiência que sofra os golpes, em vez do "eu", para que este possa seguir adiante sem abalos. E quanto às pessoas com negligência motora, que deveriam ser capazes de usar seus membros, mas não o fazem? E quanto aos pacientes de conversão a respeito dos quais se poderia dizer que têm a mesma possibilidade funcional, pois nenhum dano fisiológico confirma seu problema, e, ainda assim, não conseguem usar certas partes do corpo? Por que o estudo da *Brain* encontrou similaridades subcorticais em pessoas com hemiacinesia e em pacientes de conversão, com membros enfraquecidos ou paralíticos? Os escaneamentos Spect mostram anormalidades em canais sensoriais e motores que correspondem diretamente a sintomas histéricos. Esses circuitos (que incluem os gânglios basais e o tálamo) pré-motores são considerados cruciais para os movimentos *intencionais*. Sua ativação pode também fazer parte de um senso *subjetivo* do movimento *voluntário*. *Eu estou me mexendo*. Quando diretamente estimuladas, as mesmas regiões cerebrais podem iniciar movimentos que o sujeito sente que *deseja fazer*. (Claro, não se sabe exatamente como essa subjetividade se desenvolve em termos neurais.) E uma pessoa que sofre lesão, como num derrame, pode desenvolver hemiacinesia e "esquecer" que precisa usar as duas pernas para caminhar. Essas áreas, portanto, têm sido associadas à volição motora, ao controle dos movimentos. Eu, e não você, mexo minha mão. Que estejam envolvidas tanto na conversão como na hemiacinesia faz sentido, uma vez que nos dois casos ocorre um distúrbio da sensação subjetiva de propriedade de partes do corpo.

Como esse senso de propriedade funciona exatamente em nossos corpos permanece um mistério, assim como o que é a consciência, como funciona e para que *serve*. Nos anos 1980, o neurocientista Benjamin Libet realizou diversas experiências que demonstraram, em oposição às intuições mais profundas da maioria das pessoas, que até meio segundo antes de tomarmos uma decisão consciente de agir — mover o dedo ou o punho, por exemplo — o cérebro precede o movimento com uma alteração elétrica mensurável chamada "potencial de prontidão" (readiness potential — RP). Em resumo, seus experimentos sugerem que *o cérebro inicia atos voluntários inconscientemente*.[87] A controvérsia sobre essas descobertas foi tremenda, compreensivelmente. Neurocientistas, filósofos e outros cidadãos interessados se manifestaram. Não passamos de autômatos, afinal? Dispomos de livre-arbítrio? O debate sobre a questão é muito antigo, e os seres humanos costumam se ater à ideia de que escolhemos o que fazemos. Em 1748, Julian de La Mettrie argumentou em *L'Homme machine* [O homem-máquina] que estados da alma dependem de estados do corpo, e que processos inconscientes involuntários podem ser separados dos processos voluntários somente porque os últimos são mais complexos.[88] Dominamos nosso destino ou simplesmente acreditamos decidir nossas ações? E que mecanismos decidem que estamos decidindo? A descoberta de Libet o assustou. A conclusão a que ele chegou por meio da pesquisa é que talvez não imponhamos nossos movimentos, mas podemos vetar ou inibir sua realização. Em outras palavras, o livre-arbítrio consciente pode funcionar como um forte Não. Eu não vou bater em você, embora sinta vontade. Muitas decisões morais de grande porte se encaixam nesta categoria.

Por outro lado, talvez o livre-arbítrio não tenha de ser completamente consciente. Nosso esquema corporal, afinal, é em grande parte inconsciente. Quando abro a geladeira para pegar uma bebida, realizo um movimento tão automático que mal paro para pensar nele, e o faço por sentir sede, certo? Tenho consciência da sede, no sentido de precisar anunciar a mim: "Eu estou *consciente agora* da sede", antes de pegar algo para beber? Não, mas preciso de certa consciência da sede, mesmo que não a elabore numa sentença completa reflexiva que empregue o pronome "eu". E com certeza não preciso me ver de fora, como protagonista de minha própria vida, para pegar uma garrafa de água. O neurocientista Jaak Panksepp identificou vários sistemas emocionais nos cérebros de todos os mamíferos, inclusive o que ele chama de "sistema de BUSCA". "Esse sistema", segundo ele, "torna os animais intensamente interessados em explorar seu mundo, e os excita quando estão a ponto de conseguir o que desejam."[89] Todos nós buscamos o que precisamos e queremos, inclusive água na geladeira. Uma vez que parte do meu inconsciente se prepara antecipadamente para o gesto de pegar água, isso por acaso significa que eu não quero água, que não passo de uma máquina de movimentos automáticos?

Talvez seja útil descrever os graus de consciência. Afinal, mesmo quando escrevo boa parte é gerada de maneira inconsciente. Sinto debaixo de minhas palavras um mundo pré-consciente do qual as retiro, pensamentos ainda inarticulados, mas potenciais, e quando eu os encontro acredito que sejam corretos ou errados. Sim, era isso que eu queria dizer. Qual a base para tal afirmação? Ela não se encontra *fora* de mim. Não possuo uma noção externa da frase perfeita que melhor exprime o que pretendo dizer. O conhecimento vive dentro de mim, e todavia não é esse interior verbal composto do exterior, de todos os livros que li, conversas que mantive e fragmentos de lembranças? Gosto de expressões como "no fundo da mente", ou "na ponta da língua", pois indicam este submundo meio recordado. O que ocorre quando eu escrevo os símbolos que, juntos, formam as palavras *eu lembro*?

A subjetividade não é a história de um "eu" estável absoluto que marcha pela vida tomando seguidas decisões conscientes. Tampouco é uma máquina cerebral desvinculada do corpo, geneticamente programada para agir de modos específicos e previsíveis. O modelo que um dia se popularizou, do encéfalo como um disco rígido de computador ao qual se acrescenta o software, perdeu sentido com o passar do tempo. O computador tornou-se um modelo cognitivo com o advento da tecnologia, e considero muito curioso que cientistas e um bocado de filósofos acreditem que uma máquina sirva como modelo adequado da mente humana. Para começar, máquinas não possuem emoções, e sem valores afetivos os seres humanos são incapazes de tomar decisões. Eles perdem a capacidade de julgamento, em vez de aumentá-la. Em seu livro *O erro de Descartes*, Antonio Damasio fornece evidências neurológicas para o que muita gente sabe intuitivamente: a emoção é crucial para o bom raciocínio.[90] Pessoas com danos no lobo frontal sofrem entorpecimento emocional, e isso afeta sua capacidade de agir em benefício próprio. Ademais, nossa subjetividade não é fechada, e sim aberta ao mundo exterior. Trata-se de algo que não pode ser negado, mas estranhamente é esquecido, e o fetiche científico pelas funções do cérebro por vezes lida com os processos como se eles ocorressem num órgão isolado, incorpóreo — um feixe de neurônios num tanque, cuidando sozinho de sua vida. Segundo William James, "qualquer ação é uma reação ao mundo exterior; e o estágio intermediário da consideração, contemplação ou raciocínio não passa de um ponto de passagem, o laço do nó cujas duas pontas são puxadas no mundo externo [...] A corrente vital que entra por nossos olhos e ouvidos deve sair por nossos lábios, pés ou mãos".[91] O modelo de experiência subjetiva de James é dinâmico, inclui o mundo perceptível, com todos os seus significados — visões, sons, cheiros, sensações, emoções, outras pessoas, pensamento e linguagem. Eles estão *em nós*. Somos habitados, ocupados, plurais e vivemos sempre em relação ao mundo externo percebido por nós como seres corpóreos, e não apenas como cérebros.

Edmund Husserl, cuja fenomenologia sofreu influência das leituras de James, fez uma distinção entre os dois sentidos de corpo: *Körper* e *Leib*.[92] *Körper* é nosso corpo físico, uma coisa, aquilo que pode ser identificado pelo ponto de vista de uma terceira pessoa, na medicina e na ciência, como inerte, ou "corpo objeto". *Körper* pode ser dissecado. *Leib* é o corpo sujeito, o ser psicobiológico animado que atua na primeira pessoa. Encontramos o *Körper* na *Anatomia* de Henry Gray. E *Leib* em nós mesmos, no "eu" corporificado.

O mundo subjetivo é também um universo intersubjetivo, o mundo do "eu" e "você", e traçar uma linha divisória entre os dois não é fácil, pois os outros são *de nós*. Sabe-se hoje que bebês, desde as primeiras horas de vida, imitam as expressões de um adulto que olha para eles. Acredita-se que seja um traço inato. Os recém-nascidos, entretanto, não possuem uma imagem corporal dos próprios rostos se movendo para imitar as expressões alheias. Não é algo consciente e deliberado. Eles ainda não são os protagonistas de suas vidas, mas já apresentam uma reação intensa a rostos. Depois do nascimento de minha filha, passei horas apenas olhando para ela, e ela olhava para mim. Eu não conseguia desviar a vista daquele rostinho e de seus olhos grandes, atentos, fixos nos meus. Minha mãe disse certa vez, com referência a mim e a minhas irmãs: "Quando vocês eram pequenas, eu me deleitava com seus rostinhos". A frase resume bem a emoção comunicada pelo olhar maternal, visto que destaca o prazer de olhar, a *necessidade* de fazer isso. Bebês bem novos, com poucas semanas de vida, também respondem a estímulos. Verifiquei isso inúmeras vezes. Se falarmos com um bebê e esperarmos (é preciso ter paciência), ele emitirá sons similares, como resposta. O início da linguagem reside na imitação. Somos espelhos uns dos outros.

D. W. Winnicott escreveu: "No desenvolvimento emocional o precursor do espelho é a face da mãe".[93] Ele menciona a importância do ensaio de Lacan, "Le stade de miroir" [O estádio de espelho], mas ressalta que o psicanalista francês não estabelece a mesma conexão entre o maternal e o espelho: "O que o bebê vê quando olha para a face da mãe? Estou sugerindo que, ordinariamente, o que o bebê vê é a si mesmo. *Em outras palavras, a mãe está olhando para o bebê, e o que ela aparenta está relacionado com o que vê na sua frente*".[94] Eu me vejo refletido em seus olhos. No mesmo ensaio, Winnicott faz esta formulação:

> Quando olho sou visto, portanto existo
> Agora posso me permitir olhar e ver
> Agora olho criativamente e o que capto também percebo
> De fato, cuido de não ver o que não está lá para ser visto
> (a não ser que eu esteja cansado).[95]

Nossos olhos estão diretamente ligados ao cérebro, o que ajuda a explicar por que estamos sempre fitando os olhos das outras pessoas para descobrir o que querem dizer. Como escreveu E. H. Hess, o olho é "uma extensão anatômica do encéfalo; é quase como se uma porção do cérebro estivesse à vista".[96] Os neurobiologistas sabem que os intercâmbios visuais entre mãe e filho facilitam o desenvolvimento cerebral da criança. Allan Schore chama o intercâmbio entre mãe e filho de "harmonização psicobiológica", e a exemplo de outros autores refere-se à mãe e filho com uma única palavra, *díade* — um nó, dois em um. "A face emocional e expressiva da mãe é a fonte mais importante de informação visual-afetiva", destaca, "e nas interações rosto com rosto ela serve como um estímulo visual de registro no desenvolvimento do sistema nervoso infantil."[97] Nossas vidas começam por um diálogo sem palavras, e a falta dele compromete nosso crescimento.

Impossível separar natureza e nutrição. Não podemos isolar uma pessoa do mundo em que vive, e a questão vai além: noções de dentro e fora, sujeito e objeto, se entrelaçam. *A corrente vital que entra por nossos olhos e ouvidos deve sair por nossos lábios, pés ou mãos.* Somos feitos por meio de outros, e esse movimento inicial de reconhecimento entre mãe e filho e mais tarde entre pai e filho é essencial para definir quem somos, e na maturidade para a noção de imagem corporal, de uma identidade corporalmente constituída. Shaun Gallagher escreveu: "É na interação intermodal e intersubjetiva entre propriocepção [nosso esquema corporal motor mais inconsciente] e a visão da face do outro que a imagem corporal [consciente] da pessoa se desenvolve".[98] Em minhas palavras, a criança precisa adquirir um "eu" através de um "você". Elas nascem com um temperamento genético — tensa e sensível, por exemplo, ou relativamente calma e dócil — que influenciará o modo como reagem aos estímulos visuais e emocionais, e todas contam com os instrumentos necessários para participar do mundo interativo falante, mas o "eu" articulado e consciente não é um dom. Sua chegada faz parte de um desenvolvimento corporal extenso que envolve espelhos e reconhecimentos mútuos.

Muita gente já deve ter ouvido falar de neurônios-espelho, descobertos em 1995 por Vittorio Gallese, Giacomo Rizzolatti, Leonardo Fogassi e Luciano Fadiga em primatas do gênero *Macaca*.[99] Esses neurônios, localizados no córtex pré-motor desses animais, são acionados quando o macaco faz alguma coisa, como segurar uma banana, mas também entram em ação quando ele observa a mesma banana, sem fazer nada. Sem surpresas, os cientistas identificaram um sistema de espelho na espécie humana. Ainda não se sabe exatamente o que isso significa, no entanto a descoberta dos neurônios-espelho levou à especulação de que eles estão envolvidos em tudo, da linguagem à empatia. Rizzolatti acredita ter encontrado o sistema subjacente sinalizador da linguagem humana. No mínimo, os neurônios-espelho parecem fazer parte das idas e vindas dialéticas inerentes às relações humanas, uma raiz biológica da reflexibilidade do "eu" e "você", uma ideia que pode ser encontrada em Hegel, e combina intensamente com sua noção de que nossa autoconsciência está enraizada nas relações entre o eu e o outro: "A autoconsciência existe em si e por si, na medida em que e pelo fato de que existe para outra autoconsciência; ou seja, apenas por ser admitida ou 'reconhecida'".[100]

A palavra "eu" aparece mais tarde, na fala infantil. Como Merleau-Ponty destaca, "o pronome eu tem seu pleno significado apenas quando a criança não o usa como signo individual para designar sua própria pessoa — um signo que seria dado de uma vez por todas para ela e para mais ninguém —, e sim quando passa a compreender que cada pessoa avistada é um 'eu' para si e um 'você' para os outros".[101] Antes de o "eu" surgir, a maioria das crianças se refere a si fazendo uso de seus nomes próprios. Eu me lembro de minha filha dizer "Sophie cenoura", em vez de "Eu quero cenoura". Os gêmeos de seis anos de Luria não tinham um termo para "eu" em sua linguagem particular. Eles se referiam a si na terceira pessoa. Em alguns tipos de afasia o "eu" desaparece no início, e em certos esquizofrênicos o "eu" e o "você" se confundem ou perdem o sentido. Em *Autobiography of a schizophrenic girl*, Renee escreve sobre a doença, os delírios sobre um Sistema controlador que lhe dava ordens, e a terapia que a trouxe de volta para a "realidade":

> O que me deu uma satisfação incrível foi ela usar a terceira pessoa ao falar de si, "Mamãe e Renee" [Renee chamava a terapeuta de Mamãe], e não "eu e você". Quando ela usava a primeira pessoa,

por acaso, eu deixava de reconhecê-la abruptamente, e ficava furiosa por ela ter, com seu erro, rompido meu contrato com ela. Então, quando ela dizia "Você verá como lutaremos juntas contra o Sistema" (O que eram eu e você?), para mim não havia realidade. Só "Mamãe" e "Renee", ou, melhor ainda, "a pequena personagem", apresentavam realidade, vida, afetividade.[102]

A psicose de Renee afetou mais do que sua linguagem. A estrutura do ego se fragmentou, e um sinal de sua desintegração foi a regressão a um estágio anterior de emprego da linguagem, e um "eu" vazio, hesitante. A terceira pessoa, "Renee", e a expressão descritiva, "a pequena personagem", possuíam realidade, concretude, firmeza e objetividade, coisas que ela não encontrava na mutabilidade do "eu" e "você", que dependiam exclusivamente do falante.

Eu cuidei de uma moça perturbada que apresentava tendência de falar de si na terceira pessoa, mas nem sempre, só em determinados momentos. Ela havia sido abandonada pelos pais, residira com vários parentes e acabou sendo adotada. Além disso, sofreu ataques sexuais quando tinha onze anos. "Linnie não gosta da escola", ela dizia. Ou: "Eles odeiam a Linnie". Certa vez, ela pronunciou uma frase assombrosa: "Se eu tivesse o amor de meu pai, então seria a *verdadeira* Linnie". Havia duas Linnies, uma irreal, sem amor, e outra real, amada. Existem muitas maneiras de perder a lucidez, porém golpes, perdas e privações repetidos com frequência se tornam problemas de identidade: o eu e o não eu, ou o eu e o ele, o real e o irreal. Há aspectos psicológicos nos transtornos neurológicos também, embora se compreenda pouco a distinção entre eles e a doença ou dano cerebral localizado. O sr. D. transformou a mão enferma em uma "coisa" odiada. Mãos estranhas que não pertenciam mais ao "eu" que articulava. Quem age, nesses casos? A mão de Neil registrava lembranças que o "eu" falante não conseguia recordar. O termo de Freud para a parte inconsciente e conduzida pelo instinto da personalidade tripartida era *das Es*, que se tornou "id" em inglês [e em português], termo emprestado de Georg Groddeck, que escreveu:

> Em meu ponto de vista o homem é animado pelo Desconhecido, que se encontra dentro dele como "Es", um "It", uma força impressionante que dirige tanto o que ele faz como o que acontece a ele. A afirmação "eu vivo" só é correta condicionalmente, expressando apenas um parte pequena e superficial do princípio fundamental, "O homem é vivido pelo It".[103]

Freud partiu do conceito de Groddeck para criar a noção de uma parte da personalidade impulsiva, além de a-histórica ou atemporal, da qual não temos conhecimento. Benjamin Libet que realizou experiências sobre livre-arbítrio, provavelmente concordaria. O "It" interno tem força, mas não *fala*.

O instinto mais profundo que nós animais possuímos é o da sobrevivência. Todo o nosso ser foi selecionado para continuar vivo e se reproduzir. Todos os animais têm provavelmente um senso interno de sua vulnerabilidade e mortalidade. Não sou uma dessas pessoas que temem atribuir emoções aos animais. Pelo jeito, os elefantes pranteiam seus mortos. O neurocientista D. O. Hebb descobriu que os macacos se afastam das *representações* das cabeças cortadas de seus companheiros símios, embora saibam perfeitamente que não são reais. A consciência da ameaça e o comportamento defensivo são cruciais para a sobrevivência, mas talvez sejamos os únicos capazes de contemplar nossa própria morte. Contudo, poucos de nós gostam de pensar no final. Reprimimos isso. Quando a morte se aproxima, como ocorreu comigo num acidente automobilístico, as emoções se trancam; no meu caso, o medo voltou nos pesadelos, em surtos de lembranças terríveis. Não consigo pensar numa passagem literária melhor sobre a repressão da mortalidade do que o trecho de Tolstói, em *A morte de Ivan Ilitch*:

> No fundo do coração ele sabia que estava morrendo, mas não se acostumava com a ideia, ele simplesmente não conseguia, não podia compreender isso.
>
> O silogismo, aprendera na Lógica de Kiesewetter: "Caio é um homem, os homens são mortais, portanto Caio é mortal", a vida toda lhe parecera correta quando aplicada a Caio, mas não aplicada a ele, de jeito nenhum. Que Caio — um homem qualquer — fosse mortal era perfeitamente justo, mas ele não era Caio, não era um homem genérico, mas uma criatura distinta de todas as outras. Ele havia sido o pequeno Vânia, com mamãe e papai, com Mítia e Volódia, com os brinquedos, o cocheiro e a ama, depois com Kátienka e todas as alegrias, dores e delícias da infância, da mocidade e da juventude. O que Caio sabia do cheiro da bola de couro listada que Vânia tanto apreciava? Caio beijara a mão de sua mãe, e o vestido de seda farfalhava para Caio? Ele criou um caso no curso, quando o bolinho não prestou? Caio se apaixonara como ele? Caio conseguiria presidir uma sessão como ele? Caio realmente era mortal, e sua morte seria correta; mas para mim, o pequeno Vânia, Ivan Ilitch, com todos os meus pensamentos e emoções, é um caso completamente diferente. Não pode ser que eu vá morrer. Isso seria terrível demais.[104]

O salto de Caio para o pequeno Vânia é o salto do abstrato para o particular, do saber algo intelectualmente para o não saber isso *realmente*, da verdade genérica para a verdade pessoal, da realidade na terceira pessoa para a realidade na primeira pessoa.

O salto também nos leva de volta no tempo, para as lembranças da primeira infância, para o aroma agradável da bola de couro e da presença sensual da mãe, um mundo que girava em volta do pequeno Vânia, sua majestade, o bebê, o menino tão amado. É tão comum negar o inevitável, o que acontecerá, o meu final, mas compreender isso é muito difícil. Tolstói usa o pronome "it" para descrever a presença que espreita a vida de Ivan Ilitch, e que o herói tenta desesperadamente evitar. Ele procura "consolos — novos cenários —, e novos cenários são encontrados, e por um período dão a impressão de que o salvarão, contudo logo se partem em pedaços, ou melhor, se tornam transparentes, como se o *It* os penetrasse e nada pudesse cobri-lo". Como a sra. A., que projetava sua dor em óculos e cigarros perdidos, Ivan Ilitch se preocupa com riscos no verniz da mesa, num álbum rasgado, e em seguida briga com a mulher e a filha por causa do lugar para guardar o álbum danificado, e percebe que essas disputas triviais servem igualmente como cenários salvadores: "Mas tudo bem, na época ele não pensava em *It*. *It* era invisível".[105] *It* indica algo externo, o não eu, sejam as estranhas forças animais do desejo e da agressão que parecem viver em nós, seja a terrível realidade de que nossas forças não são eternas, que terminam num cadáver, em um objeto, o "antes eu" agora virou isso.

A primeira vez em que tremi estava de pé, num lugar conhecido. E não só pelo fato de meu pai ter lecionado na faculdade por muitos anos. Na infância eu havia morado no campus, pois, além de professor, meu pai trabalhava como administrador residente de um dormitório masculino. O antigo prédio fora demolido, mas eu me lembro dos corredores mofados, dos odores, do elevador de porta vermelha, da máquina de refrigerante brilhando no andar de baixo, com o botão para Royal Crown Cola. Eu me lembro do zelador gordo e gentil, Bud, de calça cinza empoeirada, os andares superiores proibidos, onde minha irmã Liv e eu nos aventuramos umas poucas vezes. Eu me lembro da vista da janela do nosso apartamento, onde chorei na Páscoa. Naquele dia de chapéus e luvas e vestidos primaveris leves, esperava-se um convencional dia quente e ensolarado, porém o que vi pela janela foi neve. Eu me lembro de quando aprendi a andar de bicicleta no mesmo local, noutra primavera, e da sensação que me dominou no instante em que meu pai soltou a bicicleta e saí pedalando sozinha, oscilando um pouco, mas radiante quando percebi estar por minha conta e continuar andando, sem cair. Eu me lembro do gerador de energia que fui visitar com meu pai e Liv, de sua fumaça branca, do calor intenso e do ruído do maquinário, num espaço apertado perto dos fundos de um prédio onde um homem fazia sorvete e nos deu amostras grátis. Eu me lembro de deitar na grade na parte externa da biblioteca e de estudar as embalagens de doces, pontas de cigarros e outros detritos caídos lá embaixo, e de como bastava eu ficar olhando aquelas coisas para me entreter. Mudamos de cidade antes de eu começar a terceira série; entretanto, exceto por alguns fragmentos de meu terceiro e quarto anos de vida, minhas memórias autobiográficas dos cinco aos nove anos se situavam em grande parte naquele campus. Lugares têm poder.

O local tão familiar teria libertado a realidade da morte para mim — a presença de um indizível "It"? Afinal, eu morava em Nova York e não via meu pai todos os dias. Em Nova York parecia normal sua ausência de minha vida. O episódio deflagrou uma noção subliminar de sua ausência permanente, irrevogável, sem que eu me conscientizasse da mudança dentro de mim? Os rostos das pessoas que eu conhecia desde menininha despertaram a personalidade infantil anterior? Os tremores teriam algo a ver com o fato de naquele momento eu ocupar o lugar do meu pai?

Literalmente, num lugar que na minha opinião pertencia a ele? A visão do gramado, na frente do prédio onde meu pai mantinha sua sala, conhecido como Old Main, gravada na memória pois eu passei por ali inúmeras vezes, não apenas quando criança, mas também adolescente e jovem, quando entrei na universidade? Mas não foi a visão do lugar que provocou a convulsão; foi o ato de falar. Começou na primeira palavra e acabou com a última. Haveria conexão com uma lembrança?

As lembranças específicas afloram nos lugares. As teorias clássicas afirmam que as memórias precisam de localização para funcionar — *topoi*. Cícero atribuía a Simônides de Ceos a criação da arte da memória. Quando um terremoto atingiu um salão de banquetes e matou todos os presentes, Simônides, ausente da festividade no momento da tragédia, voltou e conseguiu identificar os corpos despedaçados por se lembrar do lugar em que cada convidado se sentara. Simônides descobriu o vínculo essencial entre localidade e memória. Interpretando as ideias de Aristóteles, o filósofo escolástico Alberto Magno (morto em 1280) propôs que lugares mentais servem a um propósito prático para a mente e facilitam a retenção das lembranças. Eles não espelham a realidade, e sim sua concepção interna.[106] Cícero desenvolveu o conceito de *locus* como instrumento para a memória verbal. Um orador conseguia decorar um longo discurso visualizando uma casa e passeando por ela; ele vinculava cada trecho de sua fala com um ponto diferente: mesa, tapete ou porta, nos diversos cômodos. Meu pai fazia uso da mesma técnica para memorizar os discursos dele, e pelo jeito funcionava muito bem. Andar por uma arquitetura imaginária torna possível criar um espaço no qual podemos fixar pensamentos verbais sequenciados. O comentário de Freud sobre o caráter mais primitivo da imagem mental visual, em oposição à das palavras, é pertinente. Minha memória visual costuma ser estática, e lembro melhor lugares conhecidos — casas, bosques, campos e ruas que memorizei por terem sido várias vezes o cenário de minha vida. São lugares onde morei ou com os quais convivi durante algum tempo.

Por outro lado, um local visitado apenas uma vez logo se dissipa. Guardei uma vaga sensação, um esquema, pode-se dizer, de uma caminhada por uma rua de Hong Kong, por exemplo, mas o que ficou guardado na minha memória foi o mendigo se arrastando pela calçada, que agarrou a barra da minha saia e me fez recuar. Repugnância, piedade e culpa passaram pela minha mente, e a imagem do rosto daquele homem, que me assustou com seu desespero, perdeu a nitidez. Posso reinventá-la com os olhos da mente, como diz o ditado. Ele tem dentes podres e olhos congestionados. Bochechas sujas. O que realmente retive foi a noção do episódio, e desde então pensei nele diversas vezes, mas as palavras que emprego para reavivar a história superaram qualquer imagem detalhada. Hong Kong vivia cheia de mendigos em 1975. Eu me lembro disso de modo factual, genérico, contudo não consigo invocar o cenário visual, a não ser um vago amontoado reconfigurado numa versão impressionista e imprecisa de minha experiência. A linguagem abstrai a memória visual e, com o tempo, costuma substituí-la, ao criar uma narrativa fixa passível de ser repetida infinitamente.

Um exemplo mais marcante do lugar como palco da memória pode ser visto no erro que descobri em minhas recordações. Uma das lembranças mais antigas que guardei foi dos quatro anos. Uma refeição familiar na casa de uma tia, em Bergen, na Noruega. Os elementos visuais de destaque no incidente consistiam na mesa da família, na sala de jantar, cuja janela dava vista para o fiorde. Vejo a sala com clareza, na mente, pois treze anos depois residi com meus tios, naquela mesma casa. Também me lembro de alguns movimentos definidos, sequenciais. Eu estava sentada numa cadeira, na frente de uma prima de doze anos, Vibeke, a quem eu amava e admirava, quando por motivos incompreensíveis para mim ela desandou a chorar. Eu me lembro de ter levantado da cadeira. Minhas pernas não alcançavam o chão, precisei deslizar para descer. Aproximei-me de Vibeke e acariciei suas costas, esforçando-me para consolá-la. Os adultos começaram a rir, e eu me senti profundamente humilhada. A lembrança permaneceu comigo. Sei hoje que o riso dos adultos não foi maldoso, mas o golpe em minha dignidade durou e moldou a atitude que adotei depois em relação a minha filha. Recordo-me, citando Joe Brainard, "que a vida era tão séria na época quanto é hoje", e que as crianças devem ser respeitadas, além de queridas. O erro cometido não diz respeito à emoção, e sim ao *local* onde meu orgulho foi ferido. O golpe em meu amor-próprio não poderia ter ocorrido naquela casa, pois quando eu tinha quatro anos *ela ainda não havia sido construída*. Transferi uma lembrança para um lugar do qual me lembrava, em vez de outro, esquecido. Como Alberto Magno argumentou: a sala serviu a um propósito. Eu precisava situar o evento em algum lugar, para retê-lo. Ele exigia a visualização de uma casa, ou se perderia no ar, desvinculado. Como os especialistas em memória da antiguidade e da era medieval, eu associei um cenário majoritariamente verbal a um *locus*.

Outro paciente de A. R. Luria, S., a quem o neurologista estudou durante trinta anos e sobre quem escreveu no livro *The mind of a mnemonist: a little book about a vast memory* [A mente de um mnemônico: um pequeno livro sobre uma vasta memória], possuía a capacidade de converter longas listas de números e palavras em imagens mentais de lugares:

> Quando S. lia uma longa série de palavras, cada uma delas despertava uma imagem gráfica. E como a série era muito longa, ele

precisava encontrar um jeito de distribuir essas imagens numa fila ou sequência mental. Não raro (e esse hábito o acompanhou por toda a vida), ele "distribuía" as palavras ao longo de uma rua ou estrada que visualizava mentalmente. Por vezes era uma rua de sua cidade natal, que incluía o quintal atrás da casa onde residira na infância, e do qual se recordava vividamente. De todo modo, ele também podia escolher uma rua de Moscou. Frequentemente, S. realizava uma caminhada mental pela rua — a Gorky, de Moscou —, começando pela praça Mayakovsky e seguindo lentamente pela rua, "distribuindo" as imagens em casas, portões e vitrines de lojas. Em alguns momentos, sem entender como isso ocorria, ele se via de volta à cidade natal (Torzhok), onde encerrava a jornada, na casa onde vivera na infância. O cenário que escolhia para seus "passeios mentais" se aproximava ao dos sonhos, com a diferença de que o cenário de suas caminhadas desaparecia imediatamente quando distraía a atenção, mas regressava de repente quando era obrigado a lembrar a série de palavras que "gravara" por este método.[107]

Luria não menciona os sistemas clássicos, nem S. leu Cícero. As lembranças vinham naturalmente, eram produtos de suas sinestesias, que mistura sentidos — o sabor da cores, por exemplo, ou a imagem do som. O grande físico Richard Feynman enxergava equações coloridas: "Quando olho para equações, vejo letras coloridas — não sei por quê [...] jotas de cor creme, us violetas e xis marrom-escuros revoam".[108]

Na primeira estrofe do poema "Vogais", Rimbaud evoca com perfeição essa forma de sinestesia:

A negro, E branco, I rubro, U verde, O azul, vogais,
Ainda desvendarei seus mistérios latentes:
A, velado voar de moscas reluzentes
Que zumbem ao redor de acres lodaçais.[109]

A memória prodigiosa de S. resultava de sua vívida percepção visual interna. Ele via tudo. "Até os números evocam imagens", explicou. "Pegue o número 1. Eis um homem altivo, orgulhoso, grande; 2 é uma mulher com senso de humor; 3, uma pessoa sombria (não sei por quê); 6, um homem de pé inchado."[110] A enorme capacidade de memória de S., porém, foi por muitos anos um empecilho para a compreensão do mundo que o cercava. Ele sentia dificuldade para ler histórias e poemas, pois cada palavra evocava uma complexa imagem visual. Chegava ao final da sentença confuso com as imagens múltiplas, detalhadas e concorrentes que se acumulavam em sua mente. Uma lista de números ou palavras desvinculadas servia melhor para mostrar seus dons, uma vez que cada elemento podia existir isoladamente dos demais. Ao transformar cada signo numa imagem visual concreta, S. se incapacitava para captar seu sentido abstrato — faltava-lhe, portanto, a capacidade de distinguir o importante do irrelevante. A hierarquia semântica se diluía numa democracia visual. S. faz lembrar o herói de Jorge Luis Borges, em "Funes, o memorioso":

> Este, não o esqueçamos, era quase incapaz de ideias gerais, platônicas. Não apenas lhe custava compreender que o símbolo genérico *cão* abarcava tantos indivíduos díspares de diversos tamanhos e diversa forma; perturbava-lhe que o cão das três e catorze (visto de perfil) tivesse o mesmo nome que o cão das três e quinze (visto de frente). Sua própria face no espelho, suas próprias mãos, surpreendiam-no cada vez.

Quase no final do conto o narrador comenta sobre o herói: "Suspeito, contudo, que não era muito capaz de pensar. Pensar é esquecer diferenças, é generalizar, abstrair".[111] Ao contrário de Funes, cuja memória visual era perfeita, S. sentia dificuldade para memorizar o rosto das pessoas (prosopagnosia) ou para registrar as emoções faciais alheias, hoje uma moléstia associada tanto ao autismo como a lesões que afetam uma parte específica do cérebro, vital para o reconhecimento facial, o giro fusiforme. Sua extraordinária habilidade, bem como as deficiências, o levariam à designação descritiva de "sinestésico", mas também a um diagnóstico: síndrome de Asperger.

Talvez não surpreenda que S. tenha um duplo, uma terceira pessoa, "ele", que acompanhou o mnemônico a vida inteira. Ele projetava sua persona na paisagem. Quando criança,costumava deitar na cama e observar seu duplo se vestir e ir para a escola no lugar dele. Quando S. tinha oito anos, a família se mudou para um novo apartamento. Eis sua descrição do episódio. Notem que ele usa o tempo presente. Ao recordar o evento, ele o visualiza novamente: "Não quero ir. Meu irmão me pega pela mão e me leva para o táxi que espera lá fora. Vejo o motorista mordiscando uma cenoura. Mas eu não quero ir [...] Fico para trás, em casa — quer dizer, vejo como 'ele' está à janela de meu antigo quarto. Ele não vai a lugar nenhum".[112]

Luria identifica nisso uma "fratura entre o 'eu' que emite ordens e o 'ele' que as executa (que é o 'eu' na visualização de S.)." Mas o "ele" é também o desobediente, que fica no antigo e querido quarto enquanto arrastam o "eu" para longe. "Ele" realiza os desejos do "eu". "Ele" assemelha-se a uma figura sonhada, à qual falta a inibição do S. desperto. Mesmo na idade adulta, S. explicava que não podia dar garantias de que seu duplo se comportaria direito: "Ou seja, nunca diria nada assim [um comentário mal-educado sobre a qualidade do cigarro do anfitrião], mas 'ele' era bem capaz. Não tinha o menor tato, e eu não conseguia explicar isso para ele. Pois 'eu' entendia as coisas, mas 'ele' não. Se me distraio, 'ele' fala coisas que não deveria".[113]

Neste caso, "ele" representa o papel do perverso, o duplo papel familiar dos personagens da literatura e da neurologia clínica, embora todos nós talvez tenhamos duplos latentes ou potenciais, imagens refletidas agindo de um modo que o "eu" quer reprimir. Criancinhas com amigos imaginários que levam a culpa por erros e travessuras, ou que precisam ser consultados antes de a criança obedecer aos pais não são raras. E, como S., as crianças pensam de maneira mais concreta do que um adulto normal. Eu me lembro da confusão que senti quando, na véspera do Ano-Novo, meus pais puseram minha irmã e eu na cama, dizendo: "Até o ano que vem!". Que um ano inteiro pudesse passar antes de amanhecer era algo que desafiava minha compreensão. Tanto Renee como minha aluna Linnie eram bem mais *concretas* em seu pensamento do que a maioria das pessoas de sua idade, e, como S., migravam para uma realidade em terceira pessoa — o eu como "ele" ou "ela": "Se eu tivesse o amor de meu pai, então seria a *verdadeira* Linnie". Uma jovem paciente minha do curso de redação, B., também substituía o "eu" pela terceira pessoa na história dos cadernos trocados e pais violentos. O "eu" e o "ela" em forma de narrativa são formas de autoscopia? Como os gêmeos de Luria, Renee, Linnie e talvez B., também, parecem presos a uma fase anterior, um mundo menos verbal e mais visual. Não seria razoável especular que eles nunca chegaram a ganhar aquilo que os pacientes neurológicos perderam?

Luria compreendeu que a rica vida interior de S. comprometia o limite que o senso comum traçava entre fantasia e realidade. Sua vida mental, de tão atribulada, fazia com que ele se perdesse dentro dela. E S. não somente lembrava, ele *imaginava*. O número 1 ereto e o tristonho 3 (este parece abatido, um sujeito de cabeça baixa) fizeram com que eu revisse minhas próprias personificações infantis de quase tudo o que meu campo visual abrangia: cereais matinais, galhos, pedras, sapatos. E faz muito tempo que acredito serem a memória e a imaginação dois aspectos do mesmo processo. Os neurocientistas hoje sabem que, ao recuperarmos uma lembrança, não encontramos a cena original, e sim aquela invocada na última vez em que recordamos do fato, em que o trouxemos à consciência. Nesse processo, a memória muda. As lembranças não são apenas guardadas, *consolidadas*, mas relocadas, *reconsolidadas*. Vejam a minha transferência inconsciente de uma lembrança de uma casa para outra. Não foi o sentido visual e espacial que percebeu o engano — o cenário da humilhação ainda é a *segunda* sala de jantar. Não possuo outro lugar conveniente onde guardá-la. Meu recurso à "verdade" do caso foi racional. Admiti a impossibilidade lógica de que a cena registrada em minha mente tivesse ocorrido onde eu a via.

Um amigo me contou uma história sobre sua esposa. Judia que frequentou um colégio católico, ela se viu diante de um impasse no momento da formatura. Depois de receber o diploma, era praxe que todas as moças beijassem o anel do padre que entregava o documento. J. resolveu evitar o beijo ritual, por questão de princípio, e mais tarde contou a história de seu pequeno ato rebelde, mas significativo, aos amigos e à família, com certo orgulho. Anos depois ela viu o filme da cerimônia de formatura e se surpreendeu ao se observar na tela, mais jovem, subindo ao palco para receber o canudo e se abaixando para beijar o anel do padre. O erro de J. não foi consciente nem maldoso. Na verdade, ela reimaginou no inconsciente aquele momento, que serviu a um importante objetivo restaurador para sua autoimagem. A certa altura de sua história a memória foi reconsolidada. Sem dúvida, seu desejo de que o desfecho fosse o oposto do ocorrido desempenhou um papel fundamental na transformação — um processo psicobiológico, em que o real foi substituído pelo imaginário: uma tela, ou melhor, um duplo, um "ela" atuando conforme a vontade de J. O fenômeno chamado de memória do *observador* pelos cientistas — isto é, quando o indivíduo relembra o passado não como primeira pessoa encarnada, e sim como um outro, na terceira pessoa — pode ser uma forma similar dessa divisão, da criação de um duplo imaginário refletido que atua no estágio da memória. Eu me pergunto muitas vezes em que medida os produtos de minhas reminiscências são distorções ou resultado de uma imaginação tão vívida que eles se tornaram verdadeiros para mim.

Cem anos antes de os neurocientistas compreenderem a reconsolidação, Freud escreveu que o presente colore o passado, que as lembranças nem sempre são o que parecem, e portanto não podem ser consideradas factuais. Certas memórias servem de cortina de fumaça para outras. E, mais crucial, as pessoas revisam as memórias depois de algum tempo. A isso ele chamou de *Nachträglichkeit*, palavra de difícil tradução. O inglês James Strachey, tradutor de Freud, cunhou a expressão "deferred action" [ação diferida ou a posteriori], mas que na verdade significa algo como *afterlyness* ["posterioridade"].[114] Uma lembrança antiga assume novos significados e muda conforme a pessoa amadurece. O hipocampo é a parte vital do cérebro para a memória episódica, relacionado com aspectos da memória espacial.[115] Ele se desenvolve após o nascimento, e essa é a explicação neurológica para a amnésia infantil, os obscuros primeiros anos que se perderam. Guardamos lembranças implícitas de nossos anos iniciais, mas não as explícitas, e parece mais do que provável que uma experiência, para ser recuperada pela memória consciente, tenha sido um dia consciente. Aqueles que alegam recordar do nascimento ou de experiências marcantes ocorridas nos dois primeiros anos de vida tratam de fantasias. Minha curiosidade sobre o papel que a linguagem desempenha na construção das lembranças conscientes me levou a indagar às pessoas o que se lembravam da infância. Os resultados dessa pesquisa sem pretensões científicas: todos os que declararam ter começado a falar muito cedo, sem exceção, apresentaram as recordações explícitas mais antigas. Isso vale para minha própria família. Minha irmã Asti, que emitia sentenças em linguagem fluente antes dos dois anos, se lembra mais do seu terceiro ano de vida que as três irmãs dela.

Hoje existe um consenso de que a memória é não só tanto mutável como criativa. Um estudo de pessoas com lesões no hipocampo mostrou que o dano prejudicou suas lembranças e também sua imaginação. Os pesquisadores pediram aos participantes da pesquisa que imaginassem lugares e eventos fictícios. Quando eles criavam uma nova experiência — ir à praia ou passear num museu —, a descrição dos pacientes com danos cerebrais era fraca, pobre em comparação às cenas produzidas pelo grupo de controle "normal".[116] Contudo, mesmo entre as pessoas ditas normais vigora um amplo espectro de diferenças imaginativas.

Quando leio um romance, eu o vejo e mais tarde me lembro das imagens que inventei para o livro. Algumas cenas foram emprestadas de lugares marcantes de minha vida. Outros, desconfio, de filmes, ilustrações de livros e quadros que vi. Preciso *colocar* os personagens em algum lugar. Muitas pessoas com quem conversei confirmaram que também veem livros. Certa vez, porém, conheci um homem que participou de uma mesa-redonda comigo, poeta e tradutor, que jurava não inventar imagens quando lia. Discutíamos Proust. "Bem", perguntei-lhe, "se você não vê o quarto de Marcel e a mãe dele e todas as pessoas da história, o que acontece?" Ele respondeu: "Vejo as palavras". Aquilo me assombrou. Parecia um modo muito triste de ler, mas como saber? Talvez a mente dele não convertesse símbolos em imagens, e por que ele sentiria falta de algo que jamais experimentou? Quando escrevo ficção, vejo meus personagens andando, falando e agindo, sempre os situo em ambientes reais: salas, casas, prédios e ruas que conheço e de que recordo bem. Normalmente sou um dos personagens, não como eu mesma, e sim como outro eu, outra personalidade, homem ou mulher, projetada no mundo mental que habito ao escrever. Em geral, não me preocupo em descrever interiores e exteriores familiares em detalhes, no entanto preciso deles para realizar a tarefa. Meus eventos ficcionais precisam do mesmo chão exigido pelas experiências das quais me recordo. Preciso de *loci*. Não assumo que todos os romancistas trabalhem assim. De todo modo, para muita gente, ler é uma forma comum de sinestesia. Transformamos signos abstratos em cenas visuais.

Um jovem e talentoso romancista mexicano, M., contou-me que ao redigir seu primeiro romance ele entendeu que estava fazendo uma casa, cômodo por cômodo, e que, ao terminar de escrever, a casa estava pronta. Para ele, o ato de escrever possuía coordenadas visuais precisas. "Eu tinha a ideia", escreveu-me por e-mail, "de que aquele romance era como uma casa branca, engraçada, que continha uma segunda casa, escura e sinistra. No centro da segunda casa havia um jardim, e no jardim cães ferozes e o jardineiro que aguardava a chegada do leitor para lhe contar uma história." M. pede a outros romancistas que desenhem um diagrama ou mapa de seus romances, no estilo dos pequenos mapas narrativos que Laurence Sterne incluiu em *Tristram Shandy*. Quando ele me pediu para fazer isso, hesitei, mas logo a forma visual surgiu em minha mente e consegui terminar o esboço.

A faculdade da memória não pode ser separada da imaginação. Elas andam de mãos dadas. Em graus variados, todos nós inventamos nosso passado pessoal. E, para a maioria, esses passados se formam a partir de lembranças emocionalmente carregadas. Afetos conferem significado ou *valor* às experiências, como querem alguns filósofos. Esquecemos do que não nos importa. Na verdade, a amnésia é uma bênção em muitos casos. S. enfrentava impedimentos terríveis para expulsar as visões de sua mente congestionada. Ele guardava coisas demais. A lembrança do percurso pelo assoalho para consolar minha prima entrou em minha autobiografia por causa da emoção, no caso a indignidade contra a importantíssima "pequena personagem", *eu*. Aristóteles dividia todas as memórias em semelhança ou imagem visual mental, *simulacrum*, e sua carga emocional, *intentio*. O antigo filósofo compreendeu que não existe memória sem um efeito adjacente. Mas quando eu procuro lembranças associadas com o ato de falar em público, não as encontro. Tenho medo de algo totalmente escondido de mim?

O neurocientista Joseph LeDoux realizou importantes pesquisas sobre o medo e os circuitos cerebrais ativados quando um rato recebe repetidos choques elétricos depois de ouvir um som. O animal rapidamente associa o som com o choque, e assim que reconhece a conexão passa a exibir uma reação medrosa: fica estático, quando ouve o som, mesmo que este não seja seguido pelo choque. O rato se lembra de que o som significa choque. Depois de transcorrido certo tempo, porém, sem a combinação de som e choque, o comportamento do animal pode mudar, mas a associação entre o estímulo neutro e o agressivo permanece — provavelmente, acredita LeDoux, pela vida inteira. Nesse aspecto os seres humanos não são diferentes dos ratos. Nós também podemos aprender o medo. Desde meu acidente sinto apreensão ao andar de carro, o que não ocorre em aviões ou barcos. Não é racional. Passar por um acidente automobilístico não o predispõe a outro, porém a associação com o desastre foi feita e se manifesta em tensão corporal, numa ansiedade que percorre todo o meu corpo sempre que entro num automóvel. Ao mesmo tempo, meu medo vem diminuindo constantemente, pois consegui inibi-lo pelo uso da razão contra o medo irracional, e nunca mais sofri outro acidente de carro.

As palavras de LeDoux lembram os famosos estudos de condicionamento de cães de Pavlov. A diferença é que, com treino semelhante e novos recursos, ele identificou parte das rotas essenciais do medo no cérebro, envolvendo, em particular, a amígdala cerebelar, uma parte pequena, em forma de amêndoa, do sistema límbico, também envolvida na consolidação e na reconsolidação das lembranças emocionais. Em minha mente, é absurdo dizer que o rato não tem consciência do som e do choque. O rato está vivo, desperto, e consegue lembrar. O que ele não possui é o nível mais alto da autoconsciência humana. Mas sem dúvida tem algum tipo de identidade, um senso subliminar de seu organismo e os impulsos de lutar, brincar, fugir, copular e comer, além de, com certeza, reconhecer seus semelhantes e distingui-los dos predadores. Ele não possui um narrador interno capaz de contar a história de suas aventuras no laboratório, entre cientistas gigantescos de jaleco branco que emitem sons e choques elétricos desagradáveis.

Tremer se relaciona a uma reação de medo, uma "manifestação somática da ansiedade". "Ele tremeu de medo", diz o clichê. O som do trovão fazia Balder, o border collie da minha juventude, correr para sua casinha, onde se enrolava como uma bola trêmula de pelos pretos e brancos. Quando estou atravessando a rua e um carro se aproxima inesperadamente da faixa de pedestres, eu gelo por um momento, antes de sair da frente do veículo correndo, e, embora reaja com rapidez, antes mesmo de ter consciência de meu medo e do que o motivou, sinto o coração disparar e os pulmões se enrijecerem. No dia em que minhas convulsões começaram, eu não percebi nem o motivo nem os sinais costumeiros do medo. Senti o tremor, mas não o identifiquei *com nada*. Gostaria de ressaltar que naquele momento, por pura estupidez, não me ocorreu que poderia tremer de novo. Estava convencida de que se tratava de um evento singular, e que, como tal, podia ser examinado com certo fascínio, mas não com apreensão. Falar em público tornou-se meu som ou trovão, e se envolve uma lembrança, ela é implícita, não explícita, pois o tremor não atinge minha consciência superior. Entretanto, *falar* e *pensar*, mantendo a calma, a envolvem. Para continuar falando, apesar da tremedeira, eu tenho de usar a parte do cérebro que de fato regula o medo — o córtex pré-frontal medial e ventral. LeDoux argumenta: "O medo patológico, portanto, pode ocorrer quando a amígdala não é contida pelo córtex pré-frontal, e o tratamento do medo patológico pode exigir que o paciente aprenda a aumentar a atividade daquela região, de modo que a expressão do medo pela amígdala seja contida".[117] Ele argumenta ainda que a relação entre a amígdala cerebelar e a região pré-frontal é recíproca — ou seja, se uma delas é acionada, a outra se inibe. Não foi isso, contudo, que aconteceu comigo. Eu falava *e* tremia, ainda que no final uma parte de mim tivesse conseguido conter em parte o medo que vinha de baixo. Por outro lado, talvez minha sensação de controle fosse ilusória.

No meu caso, os dois sistemas parecem inteiramente isolados um do outro, até o regulador assumir o controle. Mesmo assim, como os cientistas costumam dizer, relação não é causa. Talvez as duas coisas não tenham nada a ver uma com a outra. E por que eu tremi da *primeira* vez permanece um mistério. O primeiro evento é significativo, visto que as redes neurais são sensíveis e, uma vez formadas, tendem à repetição. Na neurociência, um dos primeiros conceitos que aprendi, sem dúvida facilitado pela rima conveniente, foi a lei de Hebb: "Neurônios que disparam juntos atuam juntos". Quanto mais eu tremo, maior a tendência a tremer no futuro. Será que se poderia dizer que a mulher trêmula é um padrão repetidamente ativado de neurônios que disparam e hormônios de estresse liberados numa resposta involuntária, os quais podem ser controlados se eu mantiver a calma, continuar falando, convencida de que não corro realmente nenhum perigo? Será que a história toda se resume a isso?

Em seu livro *A hipótese espantosa — busca científica da alma*, Francis Crick, que descobriu o DNA com James Watson, assim explica o título: "Você, suas alegrias e tristezas, suas lembranças e ambições, seu senso de identidade pessoal e livre-arbítrio não passam, na verdade, do comportamento de uma vasta rede de células nervosas e moléculas associadas".[118] Crick, embora tenha dito uma provável verdade, apresentou-a numa formulação em que algo está errado. Alguém nega que *A morte de Ivan Ilitch*, de Tolstói, seja feita de papel e tinta, ou que *A tempestade*, de Giorgione, seja feita com tela e tinta? Contudo, para onde isso nos leva, o que nos diz a respeito do que representam essas obras? Estou equivocada em achar que "uma vasta rede de células nervosas" é uma descrição inadequada de *mim*, e que essas palavras não esclarecem a questão? O que aconteceu comigo? Procuro uma narrativa, uma trama capaz de interpretar uma debilidade que não passa de um conjunto de disparos e atos sinápticos? Joseph LeDoux não é tão reducionista quanto Crick. Ele reconhece haver níveis de realidade humana. Sintomaticamente, detém-se na questão formulada por Freud em 1895, quando trabalhava em seu *Projeto*, a mesma que os pesquisadores da conversão fizeram, e os dois homens acabaram por traduzir J. Russell Reynolds para uma linguagem atual, mais de um século após sua conferência. LeDoux escreveu: "O problema é que não está claro o modo como as alterações no nível neural se relacionam com as de nível psicológico".[119] Aqui está o cerne da questão.

S., estudado por Luria, transformava todas as experiências em visualizações. Eu, pelo jeito, as traduzo em sentimentos e sensações corporais. Há muitos anos recebi uma carta de um membro de uma organização internacional de sinestesia. Ela havia lido meus livros e se convenceu de que eu tinha *o dom*. Meu conhecimento do fenômeno era superficial na época, e respondi dizendo que números e letras não apresentavam cores para mim, encerrando o assunto. O que ela não disse foi que havia uma coisa chamada sinestesia reflexiva, quando alguém sente o toque ou mesmo a dor alheia só de olhar para a outra pessoa.[120] De todo modo, essa forma de sinestesia só foi descrita e definida em 2005. Quando eu era criança, minha mãe costumava me dizer que eu era "sensível demais para este mundo". Ela não falava por mal, mas por muitos anos considerei minha hipersensibilidade uma falha de caráter. Desde que me lembro, sinto os toques, batidas e choques, bem como o estado de espírito de outras pessoas, *quase* como se acontecessem comigo. Consigo distinguir entre um toque real e o que sinto quando vejo alguém ser tocado, no entanto a sensação existe, mesmo assim. Sinto como se fosse minha a dor de alguém que torce o tornozelo. Observar a mãe que acaricia a filha me dá o prazer físico que eu sentiria ao fazer o mesmo gesto. Se alguém se machuca num filme, fecho os olhos ou saio da sala. Quando menina, passei metade de um episódio de *Lassie* no banheiro. Filmes violentos ou de terror são intoleráveis, pois *sinto* a tortura das vítimas. Olhar, ou só pensar num cubo de gelo me dá arrepios. Minha empatia é extrema e, para ser franca, por vezes sinto com exagero e preciso me proteger da superexposição a estímulos que me tornariam um pilar de carne dolorida. Tudo isso, ao que se sabe, caracteriza quem sofre de sinestesia reflexiva.

Também reajo com intensidade a cores e luzes. Por exemplo, durante uma viagem à Islândia eu viajava num ônibus, olhando pela janela a paisagem desprovida de árvores, quando passamos por um lago de cor inusitada. Sua água era azul-esverdeada, clara, glacial. A cor me agitou como se fosse um choque. Percorreu meu corpo inteiro, e me vi resistindo a ela, fechando os olhos, agitando as mãos num esforço para expelir aquele matiz insuportável do corpo. Minha companheira de viagem, sentada a meu lado, perguntou qual era o problema. "Não suporto aquela cor", expliquei. "Ela me fere." Sua surpresa foi compreensível. Em geral as pessoas não sentem incômodo com cores. Diversos tipos de luz geram emoções distintas em mim: o sol fraco da tarde entrando através da janela, o brilho irritante das luzes da rua, a crueldade das lâmpadas fluorescentes. Luria cita S., que disse: "Quando ando de bonde, sinto seu clangor nos dentes".[121] Os ruídos afetam meus dentes. Um som os abala, ou os aquece, ou zumbe através das gengivas. Talvez isso seja comum. Não sei. Se me detenho em muitos quadros (adoro pintura), sinto náuseas e vertigens. Essa afecção recebeu um nome: síndrome de Stendhal. No meu caso, pelo menos, relaciona-se com enxaquecas e pode evoluir até se tornar uma dor de cabeça lancinante.

Chama a atenção que essa condição — ou melhor, estado de ser — só tenha sido identificada recentemente. A resposta, em parte, está nos neurônios-espelho. Uma teoria afirma que em pessoas como eu eles são hiperativos. Sem a descoberta de Gallese, Rizzolatti e seus colaboradores, bem como dos achados de pesquisas posteriores, minha versão de sinestesia provavelmente continuaria sem classificação no mundo da ciência física, seria um estado *psicológico* sem concomitante orgânico. Os neurobiologistas a tratariam com ceticismo (como em relação a todas as formas de sinestesia, até perceberem que ela podia ser entendida como consequência de processos genéticos e neurais), ou simplesmente a ignorariam, como problema pertencente a outra especialização. Sem uma hipótese biologicamente plausível, impossível realizar uma pesquisa. O declínio do behaviorismo na psicologia sem dúvida desempenhou um papel, no caso. De repente os estados subjetivos, ao menos em determinados círculos, tornou-se um tema de estudo razoável. Filósofos analíticos anglo-americanos, no *Journal of Consciousness Studies*, realizam um debate interminável sobre o problema da *qualia* — a experiência pessoal fenomenológica do mundo em cada um, que não pode (segundo alguns) ser reduzida a uma descrição de circuitos neurais ativados, ou "processamento de informação". Cientistas de diversos campos divergem da formulação reducionista de que somos "uma vasta rede de células nervosas".

Muita gente fica aliviada ao descobrir que um traço da personalidade que sempre as acompanhou tem nome, pertence a uma categoria científica legítima e se enquadra na taxonomia geral das doenças e síndromes. Em *Blue cats and Chartreuse kittens* [Gatos azuis e gatinhos de Chartreuse], Patricia Lynne Duffy revela seu contentamento quando, em 1975, leu um artigo em *Psychology Today* que descrevia sua sinestesia com as cores. "Li de olhos arregalados, surpresa ao descobrir que minhas 'visões' anormais faziam parte de um padrão de percepção documentado, com história e lugar na literatura científica."[122] A sinestesia reflexiva é um fenômeno descoberto recentemente, considerado raro. Tenho a impressão de que agora, oficialmente diagnosticado, haverá hordas de pacientes que sairão das sombras, em número muito maior do que o esperado pelos pesquisadores. Afinal de contas, o cerne dessa condição é a empatia, e nos seres humanos a empatia existe num espectro que vai da participação radical nos sentimentos alheios à completa indiferença. Autistas têm imensa dificuldade para imaginar a mente dos outros. Psicopatas, por sua vez, conseguem ler mentes de modo brilhante, para manipulá-las, pois, como se sabe, falta-lhes empatia, o vínculo com seus semelhantes. Também pessoas que sofreram danos nos lobos frontais do cérebro se tornam estranhamente frias, sua personalidade muda muito, como ilustra o famoso caso neurológico do ferroviário Phineas Gage, que sobreviveu a um ferimento grave. Depois de ter os lobos frontais varados por uma barra de ferro, ele apresentou uma recuperação milagrosa. Sua personalidade, entretanto, mudou. Gage, pessoa gentil e responsável, não mais conseguia planejar a vida. Tornou-se inconstante, indiferente aos outros. A culpa e a empatia se perderam com a parte do cérebro destruída no acidente.

A despeito da novidade da sinestesia reflexiva, um fenômeno conhecido como *transitivismo* atrai o interesse da neurologia e da psicologia desde que Carl Wernicke cunhou o termo, em 1900. O psiquiatra o definiu como uma projeção dos próprios sintomas num duplo, para preservar a personalidade.[123] O *doppelgänger* [réplica ou duplicata] sofre em seu lugar, ou atua para realizar seus desejos, como no caso de S. e seu "ele". Na psiquiatria, ainda se emprega o termo "transitivismo" para descrever estados em que o paciente (em geral psicótico) se confunde com outra pessoa. A distinção entre "eu" e "você" se dilui ou desaparece completamente. Charlotte Buhler, psicóloga infantil nascida em Viena em 1893, notou que o transitivismo é comum nas crianças pequenas. Lacan a citou em sua famosa conferência de 1949 sobre o estádio do espelho, mas o fenômeno é conhecido dos pais, que em sua maioria já viram uma cena comum nos pátios de recreio: um bebê cai e começa a chorar. Outra criança, ali perto, chora também. Uma se machucou; a outra não. Mas as duas choram, inconsoláveis. A confusão transitivista funciona assim.

K. Hitomi, neuropsiquiatra atuante em Osaka, no Japão, escreveu sobre dois pacientes esquizofrênicos em seu trabalho "'Sujeito transicional' em dois casos de psicoterapia de esquizofrenia".[124] Sua primeira paciente foi uma mulher de pouco mais de trinta anos que ficou doente na adolescência e não reagia a medicamentos. O médico levou uma boneca à terapia, batizada de T pela paciente. Logo ficou claro que T servia como objeto externo, ou duplo para a mulher. Certa vez, quando a paciente chorava descontroladamente, e o médico perguntou "Quem está chorando?", ela respondeu: "Sou eu". Ele disse: "E quanto a T?". A resposta foi: "Ah, T também chora, muitas vezes". Hitomi ressaltou: "A paciente piscou e pareceu intrigada, por um momento. Em seguida, gritou: 'T começou a chorar', e a paciente não chorou mais". Com o passar do tempo, T assumiu outras funções. O *doppelgänger* montava guarda durante a noite para afastar atacantes imaginários, permitindo que a paciente dormisse tranquila. Quando a boneca caiu no chão, seu *alter ego* gritou: "Ai!". Mais tarde, T participou da regressão da mulher ao estado infantil, do qual ela emergiu bem melhor.

O segundo paciente tornou-se o reflexo do terapeuta. Ao observar o médico ajeitar a gravata, o paciente disse: "Eu sou o espelho". Em todas as sessões subsequentes a essa, ele desenhava o terapeuta, com particular atenção nas gravatas, e após alguns meses os desenhos começaram a mudar, ficaram cada vez mais parecidos com o próprio paciente, até deixarem de ser uma imagem do outro e se tornarem um autorretrato.[125] Nenhuma dessas histórias surpreende psicoterapeutas ou quem passou algum tempo numa enfermaria psiquiátrica. São relatos do mundo *entre*.

O uso da expressão "sujeito transicional" por Hitomi refere-se ao "objeto transicional" de Winnicott. Para o psicanalista inglês, o fenômeno transicional designa a "área intermediária" da experiência humana.[126] Winnicott batizou e interpretou a necessidade comum de bebês terem um cobertor, ursinho ou chupeta, de sugarem os dedos ou ouvirem a mesma canção todas as noites, antes de dormir. Ele também compreendeu que, para a criança, o objeto transicional é um símbolo de outra coisa — o seio, o corpo ou a presença da mãe — e que sua grande importância é ser um objeto *real entre* elas. A boneca da primeira paciente era, mais que um objeto, um sujeito alternativo no qual ela podia projetar sua personalidade debilitada, e com o qual poderia se proteger. Conforme a terapia progredia, o papel da boneca diminuía, e a paciente passou a interagir diretamente com o médico, que se metamorfoseou em sua mãe. O homem, por sua vez, tornou-se o reflexo do terapeuta para assim encontrar sua própria imagem no espelho. Ele tomou emprestada a estabilidade de seu médico por um período determinado.

O foco que ele deu à gravata do terapeuta me interessa, pois acima da gravata se situa o rosto, o campo das interações íntimas, a parte do corpo que se destaca tanto no reconhecimento como na identificação — dois processos diferentes. *Eu conheço você. Você é o Fred.* (Com frequência eu me pergunto se reconheceria as mãos e os pés das pessoas com quem convivo. Teria de ser alguém bem íntimo.) A não ser que a timidez nos impeça, falamos olhando para o rosto de uma pessoa, especialmente para os olhos, pois é ali que acreditamos estar o sujeito. O que ocorre entre duas pessoas, mesmo numa conversa cotidiana, não pode ser facilmente medido ou quantificado. Entre dois interlocutores sempre acontece muita coisa não articulada. Estamos sempre lendo as fisionomias, e numerosos reflexos, projeções, transferências e identificações ocorrem em diferentes níveis de nossa consciência.

No primeiro caso relatado por Hiromi, a paciente e o terapeuta usaram uma boneca como objeto transicional para lidar ludicamente com aspectos da personalidade fragmentada. No segundo, o paciente usou o terapeuta como um espelho que aos poucos passou a refletir o próprio rosto. Nos dois casos a duplicação serviu como caminho para a cura. A alienação em um objeto representativo (a boneca) ou pessoa (o terapeuta) ajudou a restaurar o "eu".

Na última semana que passei com meu pai antes de sua morte, minha mãe e eu seguimos uma rotina. Costumávamos visitá-lo de tarde, por ser o momento do dia em que ele tinha mais energia para conversar. Íamos embora à noite, depois que minha mãe o ajudava a se preparar para dormir — pondo em prática os rituais de escovar os dentes, passar hidratante na pele ressecada, certificando-se de que os travesseiros e cobertas estavam confortavelmente arranjados. Minha mãe e eu então nos despedíamos e voltávamos de carro para casa; íamos dormir em seguida. Creio que estávamos as duas emocionalmente exaustas, mas pouco comentávamos isso uma com a outra. Numa das últimas noites deitei na cama estreita e curta onde dormia quando era criança e me cobri. Deitada, pensando em meu pai, senti o tubo de oxigênio em meu nariz, desconfortável, senti o peso da perna defeituosa, da qual um tumor fora removido anos antes, a pressão dos pulmões contraídos e um súbito desamparo, um pânico por não poder sair da cama sozinha, por ter de pedir ajuda. Durante alguns minutos, *eu fui meu pai*. A sensação terrível me dominou. Senti a proximidade da morte, sua chegada inexorável, e precisei me esforçar para retornar a meu corpo, para me reencontrar.

Contei a metamorfose noturna a minha mãe, que disse: "Isso nunca aconteceu comigo". Bem, minha mãe cuidava de meu pai havia anos, conforme o enfisema piorava, e se fosse vulnerável a esse tipo de transformação teria sido impedida de tratar dele. Na época, meu pai permitira que eu usasse suas memórias num romance que eu estava escrevendo. Quando ele morreu, eu trabalhava no livro, que era em parte uma versão ficcional de sua vida. Li e reli suas memórias. Li cartas que ele escreveu a parentes quando serviu como soldado no Pacífico, na Segunda Guerra Mundial, e como exercício as digitei, para sentir melhor seu conteúdo. A digitação permitiu que as palavras dele adquirissem uma realidade física mais intensa do que a mera leitura. Meus dedos também ouvem. Passei quatro anos e meio escrevendo o livro. Quando redigi o discurso em sua homenagem, interrompi o romance perto do final, e tive a sensação intensa que descrevi antes: conforme planejava o discurso e elaborava fichas para ajudar na apresentação, eu me lembrava de sua voz. Desconfio, embora não possa ter certeza, que ao abrir a boca para falar naquele dia, em Northfield, a identificação com meu pai, que sempre fora forte, se tornou ainda mais intensa. As palavras do texto que redigi se colocaram entre nós dois — não eram palavras dele, nem minhas —, ficavam no meio do caminho. Um dos temas dominantes do romance era a memória traumática. Para o livro, usei palavras de meu pai, no trecho em que ele conta a morte de um oficial japonês, e registrei passagens que ele havia escrito sobre essas recordações, em particular um *flashback*: um ataque de tremedeira quando escutava um hino da capela do campus da faculdade St. Olaf, não muito longe do local onde tremi com tanta intensidade, que quase caí no chão.

Eis a história. É uma história verdadeira? Sinto que estou cercando uma verdade afetiva. *Ainda me causa estranhamento que as histórias de casos que escrevo pareçam contos.* Freud ouvia histórias. Elas constituem eventos, e as reunimos em narrativas que possuem algum sentido. Em sua famosa obra *Luto e melancolia*, Freud distingue duas formas de pesar. A pessoa que pranteia, argumenta, sofreu uma perda consciente, e o mundo exterior se torna cinzento e carente de sentido durante o período de luto. Na melancolia, porém, o indivíduo afetado apresenta uma identificação intensa e conflitante com a pessoa morta, em parte inconsciente, e a perda torna-se interna, e não externa — uma ferida psíquica.[127] Reler o ensaio me levou a pensar que havia alguma verdade nisso. Contudo, eu não sofro da sensação de inutilidade que Freud atribui aos melancólicos que se repreendem intensamente e parecem tomados pela tristeza. Não estou deprimida. Há, no entanto, em meu pesar uma falta de distinção ambivalente ou possessão parcial pelo ente querido que é complexa e fortemente carregada por emoções que não consigo articular direito.

* * *

Meu dia: O parágrafo anterior foi a última coisa que escrevi, depois de algumas horas de trabalho numa manhã de terça-feira, antes de correr para almoçar ao meio-dia com um grande amigo, psiquiatra e psicanalista. Entre outras coisas, conversamos sobre encontrar um analista para mim. Decidi tentar, e G. disse que poderia recomendar um colega. Senti alívio quando ele falou isso. Depois do almoço dei duas aulas de redação no hospital, como de costume. Na primeira turma, para pacientes adolescentes, havia uma única aluna, de dezesseis anos, recatada, sensível, que gostava muito de escrever. Eu a chamarei de D. Embora sempre peça aos estudantes adultos que comentem um texto, em geral um poema, descobri que os jovens reagem melhor a uma única palavra, um termo emocionalmente forte. Escolhi *medo*. D. escreveu sobre seu medo de escadas rolantes, que ela havia conseguido superar. Escrevi a respeito do temor de andar de automóvel, que começava a diminuir, lentamente. Em seguida, indaguei se ela gostaria de tratar de outra emoção, e ela respondeu: "Tristeza". Na redação, ela escreveu que se cortava. Quando se sentia triste, solitária, muito pressionada na escola, ou quando se esforçava, mas ia mal numa prova, ela se cortava. A tristeza e os cortes formavam um par. Na turma dos adultos, lemos e comentamos poemas de Theodore Roethke. Mais tarde passeei um pouco pela cidade, até a hora de participar de um evento da PEN, em Cooper Union, para defender a causa democrática dos monges em Burma. Tomei o propranolol e li em voz alta um texto curto, escrito por Zargana, comediante burmês muito famoso, descrevendo o brutal interrogatório feito pelas autoridades, quando foi detido pela primeira vez, em 1988. Ele está preso novamente, por denunciar o governo militar depois da devastadora tempestade Nargis. (Não tremi.)

Meu sonho, naquela noite: Percorri corredores e salas até chegar a um laboratório desconhecido, um local desolador. Havia um médico de jaleco branco lá dentro. Ele me diz que sofro de câncer. O número 3 entra de algum modo no diagnóstico dele. O câncer é inoperável. Estou morrendo. Não há nada que se possa fazer, ele diz. Saio do consultório, e só então tomo consciência dos tumores sob a pele, na garganta, em volta do pescoço, protuberâncias que se mexem sob meus dedos quando as toco, confirmando meu estado terminal. De repente estou no banco traseiro de um carro, atrás de um monge budista de túnica cor de açafrão. Bem, digo a mim mesma, sempre soube que o livro que estou escrevendo não podia ser muito longo, mas agora terei de cortá-lo, terminar antes do que eu esperava, pois estou morrendo. Será meu *derradeiro* livro. Isso me entristece terrivelmente — não provoca desespero, como ocorreria na vigília, e sim uma tristeza profunda, inenarrável. Então acordei.

Como ocorre com muitos sonhos, aquele transformou meu dia numa parábola curta, densa, curiosa. Antes mesmo de sair da cama entendi que o sonho com os tumores estava relacionado ao tumor maligno que os médicos removeram da coxa de meu pai, deixando sua perna rígida e inútil, a perna que eu senti com tanta intensidade durante os minutos de completa identificação com ele, quando estava deitada na minha cama de criança. A visão dos tumores saindo do pescoço trouxe à minha lembrança o paciente esquizofrênico de Hitomi, que desenhou as gravatas do terapeuta até passar o foco para o rosto, primeiro do médico, depois o dele mesmo. O sonho acompanhou minha jornada no hospital, o dia em que vejo psiquiatras de jaleco branco entrando e saindo das enfermarias. Naquela terça-feira em particular, G. sugeriu um terapeuta para mim, e poucas horas antes, eu havia escrito sobre a importância do rosto para reconhecer e identificar outras pessoas. Mas o pescoço é onde começa a mulher trêmula. Um pescoço doente serve como imagem perfeita de meu sintoma: *Do queixo para cima, eu era a pessoa de sempre. Do pescoço para baixo, uma trêmula estranha.*

Não é o pescoço o ponto onde a cabeça termina e o corpo começa? E o enigma corpo/mente, por mais ambíguo que seja, não é o tema deste livro, o mesmo livro que estou escrevendo agora e que escrevia no sonho, e que precisava ser terminado logo? As memórias de meu pai foram *seu último livro*. O número 3 paira sobre o diagnóstico, como um dígito maldito — o que remete ao paciente S., de Luria, que também aparece neste texto, o sr. Sinestesia, o homem possuidor de uma memória visual incomparável, uma pessoa cuja inicial do nome é a mesma do meu primeiro nome. O carro é um veículo do medo. Eu havia escrito a respeito de carros durante o dia, no hospital. Mais tarde, sentei atrás de um monge budista que fora um dos líderes das manifestações de maio de 2008 contra o governo de Burma, e, no sonho, uma figura parecida com a dele ocupava o banco da frente do automóvel. Ao lado dos demais presentes em Cooper Union, eu havia assistido a um filme em que os manifestantes fogem dos tiros e pessoas feridas sangram nas ruas de Rangoon. Eu havia lido o trecho destinado a mim. Perto do final, Zargana escreveu: "E, contudo, não há nada que possamos fazer...". No sonho, o médico disse: "Não há nada que se possa fazer". A tristeza do meu sonho remetia à tristeza de D., aos cortes que ela fazia em si mesma e à minha necessidade de *cortar* o livro — um signo provável do corte da comunicação com meu pai, dos últimos livros, e também da voz, da minha voz numa garganta inchada, doente, e da voz de meu pai, agora silenciosa, dos meus discursos e do esforço para falar apesar da tremedeira, que é o meu sintoma, minha perna deficiente, transformada no sonho em doença terminal, como a de meu pai, que não era na perna e sim nos pulmões, na respiração, e que cortou sua voz, um silêncio trêmulo, mudo.[128] Quando liguei para ele pela última vez, ele não conseguia mais falar. Identificação como ferida psíquica. E, finalmente, o sonho retornou para um dos poemas de Theodore Roethke que eu havia lido com os pacientes adultos em Payne Whitney. Intitulado "Silêncio", termina com os estes versos:

Se um dia procurar consolo
Da monotonia do luto,
Nervos tensos que chegam à goela
Não soltarão uma nota trêmula:
O que leva minha mente à desdita
Jamais chegará a ser ouvido.[129]

Em *A interpretação dos sonhos*, Freud diz: "Já tive a ocasião de assinalar que, de fato, nunca é possível ter certeza de que um sonho foi completamente interpretado. Mesmo que a solução pareça satisfatória e sem lacunas, resta sempre a possibilidade de que o sonho tenha ainda outro sentido".[130] O significado é algo que encontramos e elaboramos. Nunca se completa. Restam sempre lacunas. Os cientistas não chegaram a um consenso sobre a razão para dormirmos, nem sobre o motivo dos sonhos. Ninguém tem certeza absoluta. Os estudiosos do sono concordam com o que Freud chamou de *Tagereste* — algo como "resíduos do dia" —, que surgem em nossos sonhos. Muitos, mas não todos, aceitam que os sonhos costumam ser mais emotivos do que a vida em vigília. Sabe-se que as partes executivas do cérebro que inibem nossas ações quando estamos acordados (o córtex pré-frontal dorsolateral) permanecem em larga medida inativas quando dormimos e sonhamos. Vários cientistas há muito supõem que o sono ajuda a solidificar lembranças, mas outros discordam. Não há consenso sobre o *significado* dos sonhos. Os cientistas não se entendem a respeito das partes exatas do encéfalo que ficam ativas ou inativas; os que acham que elas permanecem ativas com frequência interpretam a atividade de maneiras diferentes. Em oposição à antiga ortodoxia, hoje sabemos que existem sonhos REM e sonhos não REM. A associação que se fazia entre o movimento rápido dos olhos (REM) e o sonho não mais se sustenta. Diversos pesquisadores afirmam que os sonhos são uma espécie de descarga caótica, um caminhão de lixo noturno compactador que não envolve funções superiores, pois os sonhos, por sua natureza, não conseguem reter ou revelar ideias complexas. Entre os pesquisadores mais proeminentes encontra-se Allan Hobson, um vigoroso antifreudiano, que propôs a teoria de ativação-síntese para os sonhos. Essa teoria sustenta que o segmento pontino do tronco cerebral, parte do antigo cérebro, em termos evolutivos, é crítico para o sonho. Segundo Hobson e seu colega Robert Mc-Carley, os sonhos "não possuem conteúdo primário conceitual, volitivo ou emocional".[131] Hobson insiste ainda que as tramas dos sonhos não apresentam ordem coerente e não envolvem reflexão consciente. Em um experimento ele coletou relatos de sonhos, dividiu-os em partes e pediu às pessoas que os remontassem na ordem correta, algo que se mostrou muito difícil de ser feito.[132]

Entretanto, usando meu sonho como exemplo, tenho de perguntar: o diagnóstico de câncer dado pelo médico precisava preceder minha reflexão sobre o mesmo diagnóstico, no carro? Não seria esta uma forma de lógica narrativa? Minha mente, ao sonhar, não fabricou uma narrativa de meu encontro com notícias fatais, seguido pela tristeza delas decorrente? Embora eu não soubesse que estava sonhando, minha mente, ao sonhar, não tinha uma espécie de reflexão consciente? A mente sonhante não meditou sobre os últimos livros e o final da vida? E o sonho não continha ideias e conteúdo emocional primário condensados? Seria eu uma sonhadora singular, alguém sem precedentes na história mundial? Duvido muito. Trata-se de um caso em que a teoria vigente deixa de lado os casos que se opõem a ela.

Num artigo sobre o tema, Antti Revonsuo remete a Freud no título "A reinterpretação dos sonhos: uma hipótese evolutiva da função do cérebro". Ao contrário de alguns pesquisadores, Revonsuo cita "evidências avassaladoras" de que o conteúdo dos sonhos reflete "problemas emocionais da pessoa que sonha".[133] Meu sonho pode ser um exemplo importante dessa verdade. Para elaborar a argumentação evolutiva de que o sonho é uma função antiga do cérebro, que nossos sonhos conflitantes são uma espécie de campo de treinamento da mente, para nos preparar para enfrentarmos ameaças, ele escreveu: "Portanto a principal razão para não sonharmos sobre escrever, ler ou fazer contas é que provavelmente eles sejam todos elementos culturais tardios que precisaram ser introduzidos em nossa arquitetura cognitiva".[134] De acordo com a hipótese de Revonsuo, sou uma criatura mais evoluída do que outros seres humanos, pois *sonho com escrever e ler o tempo inteiro*. Por mais lisonjeiro que seja me ver num ponto mais alto da escala evolutiva, a noção me parece discutível. Digitar no computador, ler livros e outros textos, bem como ouvir palavras significativas, com frequência inegavelmente reveladoras, há muito desempenham um papel em minha vida sonhada. Seja lá o que for que pensem sobre meus poderes como intérprete de sonhos, entre outras coisas o sonho sobre câncer serviu como resposta para a leitura do poema "Silêncio" naquele dia. Até reler o poema, *depois* do sonho, eu não havia notado a enorme relevância das palavras para meu caso pessoal: não somente *consolo, luto e goela*, como *trêmula*. Sem nenhuma percepção da professora totalmente desperta em sala de aula, outra parte de mim se apropriou da linguagem do poeta e a inseriu no sonho.

Meus textos e leituras diários costumam se transmutar em

linguagem ou lógica do devaneio, quando durmo. Um amigo meu, R., físico envolvido no momento em uma pesquisa de neurociência, sobre percepção, relatou um sonho para mim enquanto almoçávamos. Pedi-lhe que recontasse a história por e-mail:

> Eu havia passado vários dias trabalhando com cálculos complicados que exigiam muitas páginas de álgebra intricada, com dois valores matemáticos centrais, que desempenhavam um papel simétrico. Eu os chamei de x e x primo. No geral, o problema me parecia insolúvel; sempre que sentia chegar perto da solução, os cálculos se revelavam falhos. Certa noite, sonhei com dois irmãos gêmeos. Insolentes, desagradáveis, agressivos, os dois vinham de um país distante. Eram atores humanos em meu sonho, mas ao mesmo tempo eu sabia que eles eram x e x primo. Eu me lembro claramente das impressões durante o sonho, eles eram os elementos de meus cálculos e manifestavam um antagonismo deliberado em relação a mim. No início comportaram-se com discrição, depois se tornaram instáveis. Até onde posso me lembrar, no decorrer do sonho eles foram deixando de se identificar com x e x primo para ficarem mais humanos.
>
> Como você pode ver, eu não estava fazendo cálculos durante o sonho, mas alguns dos elementos assumiram formas humanas, e, embora não pudessem ser manipulados algebricamente, conservaram o "caráter" que tinham nos cálculos.
>
> Eu já havia acordado diversas vezes (pela manhã, ou no meio da noite) com conclusões matemáticas claras, como se tivesse feito cálculos detalhados durante o sono. Eu me levantava para anotar numa folha os resultados, enquanto estavam frescos em minha mente.

O sonho de R. com os gêmeos x se assemelha bastante ao mundo de números de S. desperto, com pés inchados ou tempe-

126

ramentos distintos, alegres e tristes. S. vivia um sonho permanente de personificações e imagens concretas, vívidas. Era como se o equipamento de sonhar nunca cessasse de funcionar. Após uma noite de sono, R. às vezes solucionava problemas matemáticos, assim como eu já acordei com a solução de um impasse no texto — como se a resposta tivesse sido dada a mim durante a noite. Sem dúvida, R. e eu compartilhamos um envolvimento emocional profundo com o trabalho, o que o leva ao mundo dos nossos sonhos. No mínimo, contudo, eu consegui dois exemplos de pessoas que nos sonhos encontram transformações de textos escritos e fórmulas matemáticas. Pode-se até dizer que R. e eu continuamos trabalhando enquanto dormimos.

Mas quem é o sonhador no sonho, o "eu" que caminha, fala e anda de carro no meio da noite? Seria o "eu" diurno? Ou outro "eu"? O ser que alucina à noite possui algo de útil para mim? Os sonhos fazem parte de nossa consciência, mas não da consciência desperta. Os estímulos que nos bombardeiam durante o dia inexistem à noite, e a mente manufatura seu próprio material imaginativo, pelo menos em parte como compensação pelo que desapareceu. As transições nos sonhos são frequentemente violentas — não sei como entrei no carro com o monge, por exemplo. As leis da física não se aplicam ao mundo paralelo dos sonhos. E estes são, porém, menos abstratos que os pensamentos da vigília: os signos de um dia de trabalho, x e primo de x, se transformam em irmãos beligerantes, à noite. Tumores no pescoço condensam minhas preocupações em uma única imagem noturna. Será que estou errada? Existe algum sentido nos sonhos? A leitura que fiz do sonho seria apenas o lado esquerdo interpretativo do cérebro atuando na manhã seguinte, impondo uma narrativa na qual só havia fragmentos? Não, eu não acredito nisso. Sustento que sonhar seja *outra forma de pensar*, mais concreta, mais econômica, mais visual; em geral, mais emocional do que os pensamentos cotidianos, e de qualquer maneira um *pensar durante* o dia. Mesmo se eu mudar de sexo, ganhar pelagem ou voar pelo céu, o pronome da primeira pessoa pertence a mim, no sonho: meu "eu" sonhador.

Minha intuição de que os sonhos não são desprovidos de sentido deriva da experiência própria durante o sono, mas não faltam cientistas defensores da ideia. Estudioso dos portadores de lesões neurológicas que afetaram seus padrões de sonhos, Mark Solms contesta que os sonhos sejam lixo mental. Ele escreveu: "Ao que parece, *mecanismos específicos do protencéfalo estão envolvidos na geração de imagens sonhadas, e essas imagens são construídas ativamente, por meio de processos cognitivos complexos*".[135] Em outras palavras, certas funções mentais superiores atuam durante o sonho. Discussões intelectuais continuam a ser travadas acerca do assunto, com defensores respeitáveis de ambos os lados. Em 2006, Hobson e Solms organizaram um debate formal em Tuscon, patrocinado pelo Centro de Estudos da Consciência. Escolheram como tema a teoria dos sonhos de Freud: Solms a favor e Hobson, contra. Embora Hobson tivesse modificado sua crença anterior de que os sonhos são desprovidos de qualquer sentido e livres de simbologia, ele perdeu o debate para Solms (a plateia votou) por larga margem.[136] Continuo fascinada pelo grau de controvérsia a respeito de Freud existente até hoje, e pela carga emocional que cerca as discussões sobre suas ideias. Em minha opinião, o fato de Freud estar certo no tocante a alguns aspectos da mente não impede que ele se equivoque em relação a outros. E haveria alguma razão para insistir em adotar ou rejeitar uma teoria como um todo?

Até onde posso constatar, a ideia de que os sonhos possuem tanto forma como sentido ganhou terreno entre os pesquisadores. Qualquer que seja o caso, minha vida interior foi afetada pelos sonhos, com seus componentes estranhos, porém concisos.

E talvez, acima de tudo, o sonho provocou um traço da emoção que reflete genuinamente meu problema. Se eu descobrir amanhã que tenho um câncer inoperável, não sentirei apenas tristeza, mas pavor, revolta, desespero. No sonho fiquei só triste, inesperadamente decidida, resignada, capaz de meditar calmamente sobre meu quinhão. Em outras palavras, não era um sonho sobre minha própria morte, e sim a respeito de outra morte — a que eu carregava comigo diariamente, como se fosse uma doença. Talvez me engane, mas sinto que nunca cheguei tão perto da mulher trêmula quanto naquele sonho.

Essas questões nos levam de volta ao problema da experiência subjetiva. Os sonhos usam a linguagem e as imagens da vida desperta, mas seus significados são pessoais. Como muitos psicanalistas contemporâneos, eu não acredito em símbolos universais nos sonhos, que escadas significam uma coisa, e árvores e pipas, outra. Sonhos são histórias criadas por e para quem sonha, e cada um tem seus baús para abrir e nós para desatar. Se eu não tivesse montado o sonho com os eventos do dia e as emoções preponderantes de minha vida atual, ele sem dúvida poderia ser considerado absurdo. Excluir a complexa realidade subjetiva das pesquisas a meu ver é miopia. A atenção intensa à vida diária do sonhador não torna o relato de um sonho menos desarticulado ou bizarro; ele dá a essas mesmas características um significado, ao situá-las num contexto mais amplo. De todo modo, não existe leitura objetiva de um sonho. Mas não seria esta uma condição das interpretações em geral? Sabemos que nossas experiências pessoais influem em nossa noção de como o mundo funciona. Se Antti Revonsuo escrevesse ou calculasse com regularidade em seus sonhos, dificilmente ele teria aceitado a ideia de que essas atividades estão ausentes das alucinações noturnas de todos. É bem possível que a maioria das pessoas não escreva nem faça cálculos durante o sono. Os cálculos de meu amigo R. não incluíam álgebra, mas transformaram os símbolos em personagens. Eu costumo digitar nos sonhos, e raramente me lembro do que escrevi. Mesmo assim, constituímos exceções à hipótese de Revonsuo, e as exceções também precisam encontrar seu lugar no campo teórico dos sonhos humanos. Na verdade, a personalidade inevitavelmente contamina todas as formas de nossa vida intelectual. Todos nós extrapolamos a partir de nossas vidas para compreender o mundo. Na arte, considera-se isso uma vantagem; na ciência, uma contaminação.

Um exemplo dramático da sobreposição entre o pessoal e o intelectual ocorreu durante uma palestra a que assisti. Entre outros tópicos, a conferencista falou a respeito da neurociência e de seu uso na psicoterapia. Ela também dedicou algum tempo à questão da empatia e do cérebro. Durante a sessão de perguntas e respostas, um homem no fundo da sala se levantou e declarou ser um engenheiro que pesquisava questões cerebrais. Depois discorreu um pouco sobre seus conhecimentos, não me recordo bem do conteúdo, mas ficou patente que ele não era nenhum idiota. Em seguida, declarou em alto e bom som que empatia não existia. O próprio conceito era absurdo. Não podia acreditar nele. Na sala lotada por cerca de duzentas pessoas, em sua maioria psicoterapeutas e psiquiatras, reinou o silêncio. No entanto, eu senti a força da corrente que corria pela plateia, como um murmúrio inaudível, se é que uma coisa dessas é possível. Educada e silenciosamente um diagnóstico de massa se processava, e seu nome, confesso, surgiu de pronto em minha cabeça: Asperger.

É muito difícil uma pessoa acreditar em estados emocionais que não consegue sentir. Não se confunde com acreditar na Antártida, em neurônios ou quarks. Mesmo que alguém não tenha conhecimento pessoal dessas entidades, mesmo que nunca as tenha *visto*, acreditam nelas por fé, fazem parte de nosso conhecimento cultural intersubjetivo. Em contraste, o mundo dos sentimentos é tão interno, tão inseparável do próprio ser que todas as noções sobre a normalidade se tornam muito subjetivas. Argumentar que o homem no fundo da sala tinha uma "condição", um diagnóstico em voga no momento e que o torna *anormal*, não derruba meu argumento: é difícil deslindar a personalidade e os estados de espírito dos sistemas de crenças, ideias e teorias.

William James, em *Pragmatismo*, estabelece uma distinção entre filósofos de "mente rígida" e de "mente suave", alegando que os dois tipos possuem temperamentos antagônicos. "O rígido pensa que o suave é sentimentalista e frouxo. O suave considera o rígido tosco, insensível ou brutal."[137] Como pluralista, James situa o pragmatismo entre esses filósofos, mas a distinção feita por ele permanece valiosa. Apesar da imprecisão das categorias, elas nos remetem a uma divisão existente entre estilos de pensar. (James, conciliador em seu tom, nunca demonstrou acreditar realmente que o pensamento sem sentimento era perverso.)

Por muito tempo estudei apenas filósofos europeus modernos e ignorei americanos e ingleses. Quando cheguei ao ponto de ler os filósofos analíticos anglo-americanos, descobri um novo planeta. Os analíticos, como passei a chamá-los, preferem se apoiar em condições verdadeiras e fórmulas lógico-matemáticas que explicam a maneira como as coisas são, como se a corrente imprecisa da vida não passasse de um jogo de verdadeiro e falso, e a experiência humana não fizesse parte dele. Gostam de experimentos mentais com zumbis (eles se parecem conosco e agem como nós, mas não possuem consciência). Também contam e recontam a história de Mary, uma brilhante neurocientista que vive numa caixa preta e branca e sabe tudo o que se pode conhecer a respeito das cores e do cérebro. Um dia, ela sai da caixa e vê uma flor vermelha. Estaria realmente vendo algo novo? Esses jogos não se referem ao mundo concreto, ou a nossas vidas nele. Destinam-se a nos levar a pensar de maneira abstrata num problema filosófico. Sei que seria um embuste dizer que *sinto* que outra pessoa não é um zumbi, quando sento na frente dela numa sala e fito seus olhos; também deve ser um embuste imaginar como a privação das cores, durante tantos anos, modificou não apenas o cérebro de Mary como sua personalidade, de modo que, ao sair da caixa, seria difícil saber *o que* ela veria em termos de cores. E, se tivesse um cérebro como o meu, ela saberia que teria de evitar um tom específico de turquesa? E o que significa saber *tudo o que se pode conhecer*? Refere-se ao conhecimento dos livros? Inclui o fato de que as cores agem na pré-consciência, antes mesmo que possamos dizer o nome da cor que vemos?[138]

Esses filósofos são homens e mulheres (mais homens do que mulheres) da *Lógica* de Kiesewetter, o compêndio que volta à mente de Ivan Ilitch nos últimos dias de sua vida. Nem todos concordam a respeito da experiência de Mary com o vermelho, ou a respeito da natureza da consciência. Eles discutem acaloradamente entre si, e as ideias de alguns me atraem mais do que as de outros. O filósofo Ned Block, por exemplo, desenvolveu um interesse cada vez maior pelos mistérios das doenças neurológicas ao lidar com uma teoria biológica da consciência. Ao contrário de Daniel Dennett, que não acredita em *qualia*,[139] Block leva experiências fenomenais a sério e crê que não devam ser descartadas. Numa entrevista, ele especula que aos filósofos incapazes de "apreciar" a fenomenologia, como o poeta-tradutor que conheci, falta a capacidade de produzir imagens visuais, um pensamento que repete o do engenheiro que negava a existência da empatia.[140] William James, porém, sem dúvida incluiria todos os analíticos na categoria dos "rígidos". Não me oponho à razão nem à lógica. É a base do consenso em muitas disciplinas, essencial para nossas conversas coletivas. Esses escritores me impressionam, suas ideias são interessantes, mas sinto um arrepio quando leio seus textos.

De vez em quando a frieza se transforma em gelo. Peter Carruthers, filósofo formado em Oxford, define a consciência como a capacidade de ter crenças de segunda ordem — ou seja, ser capaz não só de ter a experiência A, como ter consciência de que está vivenciando a experiência A. Eis a consequência de seu conceito: se os animais não conseguem fazer isso, eles são inconscientes.

> Similar, portanto, no caso dos animais: uma vez que suas experiências, inclusive a da dor, são inconscientes, suas dores não nos interessam em termos morais imediatos. Na verdade, como os estados mentais dos animais são inconscientes, seu sofrimento não merece nem mesmo um interesse moral indireto.[141]

O pensamento de Carruthers tem sua lógica. Se aceitarmos o primeiro conceito, o segundo faz sentido. Entretanto, alguns poderão questionar por que animais que aprendem a evitar estímulos dolorosos em laboratório devem ser considerados *inconscientes*, ou por que a dor só tem sentido quando pode ser representada ou avaliada — "Nossa, doeu muito"; "Estou sentindo dores" —, mas isso está fora da argumentação de Carruthers. Para ele, "consciência" ocupa a mesma posição que o "espírito" no século XVII para o filósofo ocasionalista Malebranche. Para esse pensador cartesiano, os animais não possuíam alma, e que só por meio da alma e de Deus os seres humanos eram capazes de experimentar estados mentais. Portanto, os animais não sentiam dor. A impressão que tenho é de que Carruthers confundiu consciência com autoconsciência. De todo modo, seu raciocínio impecável demonstra como um único passo lógico pode resultar no que para mim consiste em uma ideia equivocada e repugnante.

Talvez eu seja incorrigivelmente suave, em termos mentais.

133

Mas as formulações lógicas conseguem abranger *tudo*? Como escreveu Ludwig Wittgenstein perto do final de sua extremamente lógica obra *Tractatus logico-philosophicus*:

> 6.521 A solução do problema da vida se observa no desaparecimento deste problema. (Esta não é a razão pela qual os homens que chegaram a ver com clareza o sentido da vida, depois de longa dúvida, sejam incapazes de dizer no que consiste este sentido?)
>
> 6.522 Há, certamente, o inexprimível. Ele se *manifesta* por si, sendo o místico.
>
> 6.53 [...] não dizer nada, a não ser aquilo que pode ser dito.[142]

Wittgenstein escreveu o *Tractatus* no período em que servia como soldado no *front*, na Primeira Guerra Mundial. Não acho estranho ele ter considerado necessário ressaltar que o indizível, o que está fora dos símbolos, sistemas e limites, é o que nos escapa. Jamais fui capaz de aceitar que qualquer sistema, por mais sedutor que pareça, possa abranger as ambiguidades inerentes a ser uma pessoa no mundo. Wittgenstein pensou ter resolvido os problemas da filosofia no *Tractatus* (embora haja o "inexprimível", que permanece fora do alcance da disciplina). Ele mudou de ideia. O homem do *Tractatus* não é idêntico ao homem posterior, das *Investigações filosóficas*. Do ponto de vista lógico, "O que Caio tem a ver com o pequeno Vânia" é uma questão cuja resposta é óbvia: Caio e Vânia são seres humanos. Os seres humanos são mortais, portanto Caio e Vânia morrerão. De outro ponto de vista, porém, isso está errado, pois a resposta irracional aponta para o cerne do que significa ser humano. "A realidade do pequeno Vânia não admite a morte" não é uma proposição insana. A lacuna entre os dois representa o cisma entre a perspectiva objetiva e a subjetiva, entre a ciência, com sua lógica necessária, e a arte, com sua irracionalidade peculiar, entre o *Körper* e o *Leib* de Husserl?

Na análise da *Fenomenologia da percepção* de Merleau-Ponty, em 1945, Simone de Beauvoir protesta com eloquência contra as determinações científicas que dominam a educação infantil, exigindo que a criança "renuncie a sua subjetividade": "A ciência o força a escapar de sua própria consciência, a dar as costas ao mundo vivo e significativo que sua consciência lhe revelou, e que a ciência tenta substituir por um universo de objetos congelados, independentes de todos os olhares e pensamentos".[143]

Beauvoir tem razão, na medida em que boa parte da ciência (bem como da filosofia analítica) atua a partir de um ponto de vista anônimo, em terceira pessoa, de um mundo estático, que pode então ser fragmentado em verdades legíveis. Para Francis Crick e uma filósofa como Patricia Churchland, a mente é feita de neurônios.[144] Não há nada a mais, nem a menos. Quando compreendermos toda a anatomia do cérebro e suas funções, a história terá sido completamente contada. Há posições com mais nuances. Talvez a mente *surja* do cérebro, como alguns argumentam, repetindo La Mettrie em *L'Homme machine*. Ou seria o problema apenas uma questão do nosso ponto de vista? Dentro da minha cabeça o mundo parece imediato. Olho para as pessoas e coisas em sua enorme variedade. Penso, rio e choro, contudo, quando alguém abrir meu crânio e espiar lá dentro, só verá dois montes de massa cinzenta e esbranquiçada, ligados. E, se eu estiver dormindo, os sonhos não podem ser vistos. Há quem especule que alguma forma de consciência não se limita aos seres humanos e animais, mas abrange tudo, até os níveis mais profundos do universo. Cientistas cognitivos, como Francisco Varela e outros teóricos, se apropriaram de visões budistas e de diversas práticas místicas para estudar uma realidade abnegada.[145] Outros acreditam na existência de uma unicidade pampsíquica.[146] Alguns cientistas — físicos em particular — deixaram o conceito de substância para trás e mergulharam nas abstrusas regiões da teoria quântica. Eles não são acusados de congelar objetos ou deixar de lado os papéis de observador e de observado. Na teoria quântica há estados —como o vácuo — que podem ser vistos por uma pessoa, enquanto constituem para outra uma mistura de partículas. Não compreendo realmente como isso funciona, mas aceito a palavra dos físicos. O que se vê depende da perspectiva de quem vê.

O físico teórico Jan-Markus Schwindt, um idealista tardio, vira Crick pelo avesso: "Não acredito que a mente exista no mundo físico", escreveu. "Creio que o mundo físico existe na mente."[147] Esse pensamento é idêntico ao do filósofo George Berkeley, que declarou no século XVIII: "O coro celeste e as coisas da terra, ou seja, todos os corpos que compõem a imensa cena do mundo, não têm nenhuma subsistência sem uma mente".[148] E o que é a *mente* para Schwindt? "A mente consiste em uma observação consciente e uma unidade inconsciente de processamento, como num sonho." Sua proposta para um novo modelo científico lembra a passagem de Beauvoir. Deveria, segundo ele, "assumir o papel de sujeito com muito mais seriedade do que na ciência atual, que é uma ciência de objetos".[149] Schwindt não pensa apenas com a ajuda das lentes da física; ele estende sua reflexão ao campo filosófico. Embora não mencione Berkeley, cita Schopenhauer e Husserl em seu ensaio. O fenomenologista Husserl foi essencial a Merleau-Ponty, cujo livro Beauvoir resenhou. Ela, por sua vez, sofreu influências tanto de um como de outro.

Ideias são infecciosas, e nos definem. Mas de que maneira escolhemos entre elas? Não é bem provável que o engenheiro incapaz de sentir empatia considerasse os modelos mecânicos de seu campo acessíveis a sua personalidade rígida? Isso, claro, não torna seus modelos operacionais ineficazes ou falhos; mas pode fazer com que outras perspectivas se mostrem menos atraentes, e até incompreensíveis. Alguém como Schwindt se acostumou a pensar grande, ou pequeno, dependendo de como se julga. A noção de que tudo é mente não o assusta. Ele a considera agradável. Talvez seja de esperar isso de alguém que cresceu acostumado a contemplar funções ondulatórias nos "espaços de Hilbert" ou o ainda mais incompreensível "espaço de Minkowski". E Schwindt não está sozinho, absolutamente. Um número expressivo de colegas físicos acredita que é a consciência quem produz a realidade física, e não o contrário. Para pensadores como eles, os epítetos "rígido" e "suave" não se aplicam mais.

Imants Baruss, professor de psicologia na Universidade de Ontário Ocidental conduziu em 2006 um estudo sobre personalidade e crenças. Baruss e colaboradores elaboraram um complexo teste de personalidade, que também lhes permitia traçar o perfil das ideias de cada sujeito a respeito do caráter da realidade, e depois relacionar os resultados. A expectativa era de encontrar a clássica divisão entre os que acreditavam num mundo puramente físico, fundado nos princípios da ciência material, e os que, por crenças religiosas, defendiam o dualismo, um universo feito tanto de espírito como de matéria. O que eles não esperavam era a menção a uma terceira categoria, a que chamaram de "transcendência extraordinária". Os membros desse grupo se revelaram mais propensos a vivenciar experiências místicas ou extracorpóreas, descartavam a religião convencional e, como Schwindt, acreditavam na suposição de que tudo é mental. Eles obtiveram notas altas nos testes de inteligência e versatilidade. Não se sabe até que ponto a pesquisa reflete as posturas da população geral. Um detalhe, porém, chamou a minha atenção. Como parte da avaliação do QI, os participantes precisavam identificar objetos em imagens distorcidas. Deviam remontar mentalmente os fragmentos apresentados. Baruss comenta: "Os mais capazes de sintetizar mentalmente os fragmentos visuais e montar uma cena íntegra se mostram mais inclinados a acreditar que a realidade vai muito além do que nossos olhos apreendem".[150] Eu vou mais longe: talvez as pessoas que conseguem integrar fragmentos e formar uma imagem unificada sejam aquelas para quem a realidade não consista somente em um mar de *objetos materiais congelados*, que nos é dado pronto, e sim em um emaranhado de percepções que dependem do observador.

Muitos de nós, talvez com mais frequência na infância, nos perguntamos como seria ser uma pessoa diferente, saltar de uma mente a outra. É evidente que para comparar mentes eu precisaria reter a consciência de como é ser eu, em comparação a ser você. Se eu fosse você e eu ao mesmo tempo, sofreria um choque? Diria: isso é *muito* diferente? E se eu pudesse experimentar a vida interior do engenheiro citado? E se entrasse na mente do dr. Schwindt e compreendesse a teoria quântica num instante? E se entrasse na do poeta-tradutor que conheci num simpósio, faz alguns anos, o homem que se lembrava das palavras dos romances, não dos personagens, e lesse do jeito dele? De que maneira eu apreciaria os romances de que mais gostei?

O máximo que conseguimos nos aproximar do acesso à mente de outra pessoa é pela leitura. O texto é a arena mental em que diversos estilos de pensamento, rígidos ou suaves, e as ideias geradas por eles, se tornam mais evidentes. Temos acesso ao narrador interno de um desconhecido. Ler, afinal de contas, é uma forma de viver dentro das palavras alheias. A voz de outro se transforma no meu narrador durante a leitura. Claro, retenho minha capacidade crítica, quando paro para pensar: "Sim, ele tem razão quanto a isso"; "Não, ele esqueceu o principal"; ou "Este personagem é estereotipado". Todavia, quanto mais cativante for a voz na página, mais eu me distancio da minha. Seduzida, entrego-me às palavras da outra pessoa. Mais ainda, costumo ser atraída por diferentes pontos de vista. Quanto mais estranha, distante, difícil ou hostil for a voz, mais eu me vejo dividida, ocupando duas cabeças ao mesmo tempo. Superar a resistência é um dos prazeres da leitura. Alguns textos são incrivelmente difíceis de ler, e quando uma luz brilha de repente sobre uma passagem obscura, decifrar seu sentido (ou sentir que a entendi) gera felicidade.

O preconceito, entretanto, também desempenha um papel fundamental na leitura. O conceito prévio do que um livro é pode cegar. Dá para entender por que rótulos como "clássico", "ganhador do Nobel" ou "*best-seller*" influenciam os leitores. Um profissional de determinada área pode evitar sempre a obra de autores de outra. Um neurocientista me contou ter mencionado Freud numa palestra, certa vez, e ouviu "críticas pesadas por isso". Da mesma forma, alguns psicanalistas se recusam a admitir que a neurobiologia é importante para sua prática, ou falam sobre ego, id e superego como se fossem órgãos do corpo, em vez de conceitos que nos permitem imaginar o funcionamento da mente. Filósofos europeus continentais costumam manter distância dos analíticos do outro lado do canal da Mancha, e vice-versa. Alimentamos nossas crenças e preconceitos. Em minhas viagens como escritora deparei várias vezes com afirmações do tipo: "Não leio romances, mas minha mulher lê. Poderia autografar o livro para ela?". A mensagem subliminar, nada sutil, é que a masculinidade combina com não ficção, e a feminilidade se associa a histórias frívolas, "inventadas". Os homens de verdade gostam de textos *objetivos*, e não das divagações *subjetivas* dos meros autores de ficção, principalmente mulheres, cuja prosa, qualquer que seja sua característica, está maculada pelo gênero antes da leitura da primeira palavra. Essa noção absurda não chega a ser universal, mas nenhum de nós vive livre de preconceitos, predileções, gostos e preferência por uma metáfora em relação a outra, ou associações de longa data, tão impregnadas que se tornam inconscientes ou vagamente conscientes. Durante boa parte do século xx, multidões de cientistas se alarmaram tanto com as noções de "relatos subjetivos" e "introspecção" que a própria ideia de visualização mental, para não citar a sinestesia, era considerada um tipo provável de ficção.

Talvez o exemplo mais famoso seja do behaviorista J. B. Watson, que rejeitava completamente as imagens mentais, alegando que não existiam. Watson defendeu sua posição num debate público do Clube de Psicologia de Washington, D. C., onde declarou que "nunca ocorreu uma descoberta na psicologia subjetiva; só encontramos especulações medievais".[151] No ano anterior à realização desse debate, Freud publicou *O Ego e o Id*, no qual alterou seu modelo mental anterior. Suas três categorias iniciais — consciente, inconsciente e pré-consciente —, elaboradas em *A interpretação dos sonhos*, foram abandonadas em prol de uma nova abordagem, baseada no modo como cada uma das novas divisões da mente funcionava. O conceito de ego (*Ich*) de Freud não era do narrador interno, ou da consciência perceptiva desperta, com sua miríade de imagens. Incluía o desenvolvimento corpóreo de um sentido de si, muito similar ao esquema corporal — que determina nossa sensação de separação de outras pessoas —, bem como processos inteiramente inconscientes. O id (*das es*) era o local totalmente inconsciente e atemporal dos impulsos e desejos primais. O superego (*über-Ich*) era similar à consciência pessoal que surge com as identificações iniciais mais importantes — com os pais. Portanto, na época em que Freud remodelava seu modelo da mente, incluindo uma vasta região inconsciente, Watson negava que a imaginação visual, uma experiência diária consciente para a maioria das pessoas, existisse.

As ideias crescem, mas costumam crescer em valas fundas e estreitas. Watson era um defensor radical e controverso do behaviorismo, no entanto suas ideias provocaram efeitos profundos na ciência e na filosofia da ciência. Existem no mundo pessoas incapazes de formar imagens mentais (meu poeta-tradutor e alguns filósofos, creio), porém elas constituem uma minoria, e alguns são pacientes neurológicos. Minha pergunta é: se Watson e seus colegas cientistas vissem romances ou se lembrassem de casas e paisagens, ou mesmo de palavras de um texto que haviam lido, revisando-as mentalmente na página 78, como poderiam questionar a existência de imagens mentais? Ademais, todo mundo sonha, certo? E os sonhos, não são imagens visuais mentais? Dogmas deixam as pessoas cegas.

Relato: 23 de junho de 2008. Estou viajando com meu marido e um amigo. Vamos passar três dias juntos nos Pireneus, e pretendemos fazer uma caminhada pelas montanhas. J. escolheu uma de altura "moderada" em seu guia, que avalia as atividades para os turistas conforme o grau de dificuldade. Seguimos de carro até o início do caminho, e subimos a montanha pela trilha sinuosa, passando de uma pedra a outra. Sinto orgulho de minha força (estou me exibindo para dois homens que ficaram para trás), mas logo me canso. Sem fôlego, sento numa pedra e sinto que meu corpo entra em convulsões intensas, que logo cessam. Isso não é emocional, penso. Não tem nada a ver com a morte de meu pai. Não é um transtorno de conversão. Não comento nada com meu marido nem com nosso amigo, que de longe não viram meu ataque. Sigo devagar, na descida da montanha. O episódio me deixou fraca e insegura. Mais tarde, reli o que havia escrito a respeito em meu diário: "Eu sabia que não foi psicogênico. A exaustão causou o tremor. Isso me leva a refletir sobre minha teoria inteira — alguma coisa a mais acontece. Poderia ter relação com minha neuropatia periférica? Ela poderia se transformar em tremedeira?".

Quando estava na casa dos trinta anos, adquiri um "corpo elétrico", para usar a expressão de Whitman. Minhas pernas e meus braços formigavam. Sentia choques elétricos de vários tipos, que percorriam os membros e o rosto. Por vários meses, ignorei o fato. Depois comecei a temer doenças neurológicas debilitantes, como a esclerose múltipla. Procurei meu médico, que me assegurou que a esclerose múltipla não se manifestava daquela maneira. Ele chamou meu problema de neuropatia periférica, provocada, suspeito, por um medicamento profilático que eu tomava contra infecções do trato urinário. Meu médico ficou em dúvida, mas quando consultou o *Physicians' desk reference* [Manual do médico], a neuropatia constava entre os possíveis efeitos colaterais. A verdade é que muitas drogas se relacionam com esse sintoma, portanto a macrodantina poderia estar por trás de meus nervos elétricos, assim como poderia não estar. Indaguei, no consultório, se quem sofria de enxaqueca não apresentava mais vulnerabilidade a essas sensações esquisitas, mas o dr. K. disse que não. Mais tarde, descobri que ele se enganara. Choques, formigamento e outras sensações peculiares — *parestesias* — são comuns nos pacientes crônicos de enxaqueca. Depois da realização de exames para verificar danos nos nervos, fui informada de que possuía nervos de uma mulher de sessenta anos; quando perguntei ao neurologista qual era o prognóstico, ele declarou, sério: "Pode melhorar; pode piorar; pode continuar assim". Dei risada. Ele não viu graça nenhuma. No final, ele tinha razão em tudo. Melhora por algum tempo; depois piora; e às vezes continua tudo igual, por várias semanas.

Minha história fantasiada sobre a mulher trêmula se volta sobre si mesma quando, uma por uma, pessoas vivas substituem meus médicos imaginários. Por recomendação de G., acabei diante da dra. C., psiquiatra e psicanalista, em seu consultório na Park Avenue. Ao contrário de meu analista fantasma, a dra. C. era mulher. Como na minha ficção, ela possuía um rosto gentil e inteligente. Ouviu com paciência tudo o que tinha para contar a respeito da história dos meus tremores. Quando sugeri transtorno de conversão, ela balançou a cabeça de leve, com um sorriso triste no rosto. Quando mencionei a certa altura convulsões febris da infância, ela prestou muita atenção. No dia do meu batismo a febre chegou a 41 graus, e eu sofri convulsões na frente de minha mãe, que ficou desesperada. Não me lembro de quando ouvi minha mãe contar a história pela primeira vez. Por que a mencionei à dra. C.? Porque eu contava a versão resumida da história da minha vida. Por que não escrevi a respeito disso aqui? Esqueci. Reprimi. Ela me deu o telefone da dra. L, uma neurologista conhecida em quem confiava, com reputação de tratar os pacientes com humanidade, e concordei em marcar uma consulta para investigar meus nervos adequadamente.

A dra. L. enviou por fax um questionário de dez páginas sobre minha história. Ela incluiu uma página para comentários adicionais. Escrevi duas páginas em espaço um, registrando tremores, enxaquecas, auras, formigamento nos braços e nas pernas — enfim, tudo o que pude pensar relacionado ao meu sistema nervoso. Ao terminar de escrever, lembrei-me do meu quarto na enfermaria neurológica do Centro Médico Mount Sinai. Posso ver os telhados sujos dos prédios pela janela, a mesinha bege que servia de bandeja, a televisão pequena, em preto e branco na minha recordação, mas esse detalhe dúbio provavelmente revela mais a respeito de meu estado emocional na época do que a imagem real na tela. *Nicholas Nickleby* passa na tevê, porém as pessoas na tela são pequenas e longínquas. Não consigo focalizá-las, pois parecem embrulhadas em diversas camadas de gaze. A densidade da Torazina®. O mundo se torna remoto, percebo que preciso percorrer uma longa distância para recuperar sua proximidade, sua vivacidade, sua cor. De repente me pergunto se, ao me levantar do leito hospitalar tantos anos antes, para ir ao banheiro, eu me parecia com os pacientes mentais pesadamente sedados com quem convivo todas as semanas, as pessoas que arrastam os pés, em vez de andar pelo quarto, com membros rígidos como se fossem marionetes de madeira. É provável que sim. Foram oito longos dias. Enfermeiras bruscas, indiferentes. Os internos com seus sorrisos, picadas de agulha e perguntas. Teria sido a lembrança do hospital que me levou a cancelar a consulta com o especialista em epilepsia?

A doutora é alta, direta, articulada e simpática. Gosto de seus movimentos largos, soltos, sinto que estou na presença de uma pessoa confiante, confortável com seu corpo. Preparada para tratar do caso com calma. Dá para notar sua atitude intrigada com minha confissão, que vejo sobre sua mesa, na lateral — com muitos trechos marcados em azul. Minha impressão é de que ela lê com o marcador na mão, que o movimento da mão faz parte do processo de absorver as informações. Sinto-me estupidamente gratificada com a impressão de que meu caso não a entedia. Não sou um exemplo típico de nenhuma enfermidade, ao que parece. Passado um momento, torna-se óbvio que a dra. L, assim como havia feito a dra. C, descartava o transtorno de conversão. Considera a ideia absurda, sem dúvida. Ela explica que sou *muito velha*. Se tivesse catorze anos, ela levaria a possibilidade em conta, mas, aos 53, não é possível. Não creio que isso seja uma verdade absoluta, ao pensar nos casos que estudei; no entanto, de todo modo, meu diagnóstico já fora abalado pela caminhada nos Pireneus. Além disso, passei a sentir um tremor nos membros, não constante, mas frequente, como se os grandes espasmos fossem uma versão exagerada das vibrações internas que me agitavam. Ela também demonstrou interesse pelas convulsões febris e declarou que muita gente passa a sofrer de ataques de vários tipos, quando tem convulsões nos primeiros seis meses de vida.

Tirei a roupa, vesti uma camisola hospitalar e andei de um lado para o outro do consultório, na frente dela. Fizemos brincadeiras de mão. Toquei o nariz com o indicador. Ela examinou meus olhos. Nenhum sinal de pressão ou tumor cerebral. Ela toca minhas mãos e a sola dos pés com um instrumento frio. Sinto tudo. Bom sinal. Ela usa um garfo. Diz que tenho "artérias boas, grossas", e fico contente ao ouvir isso. Ela quer saber se já tomei Depakote para enxaqueca, um medicamento contra ataques. Digo que não. Ela pede dois exames.

Leio na guia médica em que ela solicitou as imagens de ressonância magnética em garranchos grandes, inteligíveis:

1. Favor realizar RM cerebral: Epilepsia do Lobo Temporal — sem GADO* Protocolo 345.4
2. RM da coluna cervical — Nogado/coluna posterior, C-2 — C-5, Dx323.9 / 721.1

Obrigada,

Dra. L. L.

No metrô, a caminho de casa, senti que meu humor, ótimo durante a consulta, sofria uma queda brusca. As doutoras C. e L. se mostraram muito competentes e gentis, mas eu penso que descartar a histeria reativou o espectro de uma doença neurológica adicional, uma possibilidade de eu ter mais do que uma mera

---

*As expressões "sem GADO" e "Nogado" dizem respeito ao uso ou não do gadolínio, um tipo de contraste injetado na veia durante a realização do exame que permite maior eficiência diagnóstica. (N. T.)

enxaqueca. Apesar de nem o transtorno de conversão nem a enxaqueca serem diagnósticos agradáveis, nenhum dos dois é fatal. Desde meu ataque em Paris, em 1982, temo que as dores de cabeça conduzam à epilepsia. Segundo os autores de *Behavioral aspects of epilepsy* [Aspectos comportamentais da epilepsia], "enxaqueca e epilepsia são distúrbios encefálicos semelhantes em muitos aspectos. Ambos são comuns. A epilepsia pode ser, e a enxaqueca é, por definição, um problema primário, presumidamente genético".[152] Adiante, no mesmo capítulo, eles afirmam: "Uma pessoa que sofre de um dos distúrbios tem o dobro de chances de sofrer do outro".[153] Oliver Sacks, no livro *Enxaqueca*, reflete sobre as distinções e sobreposições históricas das duas doenças. Embora possa haver uma relação teórica entre elas, "na prática é fácil distinguir enxaquecas de epilepsias, na vasta maioria dos casos", afirma o autor. Depois de listar os traços que tornam um diagnóstico categórico relativamente simples, ele reconhece uma "região crepuscular" que confunde "a rígida nosologia". E cita um autor que cunhou o termo "migralepsia" para um paciente que apresentava os dois conjuntos de sintomas.[154] Eu incluiria o dr. Sacks na categoria dos pensadores suaves de James. Ao contrário de muitos colegas médicos, ele reconhece não só as viradas e cambalhotas da história médica, como também as genuínas ambiguidades que surgem quando tentamos dar nomes a fenômenos avessos à clareza: "Finalmente, o problema deixa de ser a diferenciação clínica ou fisiológica, e se torna uma decisão semântica: não podemos dar nome ao que não podemos individualizar".[155] Limites imprecisos criam enigmas duradouros.

Desde criança eu experimento sensações de euforia e arrebatamento, ondas de sentimentos profundos que penetram em meu corpo como se fossem uma leveza na cabeça que me põem para cima. Uma assombrosa clareza de visão e uma sensação de alegria pura, perfeita, podem anteceder as mais brutais e longas cefaleias. Certa vez, já adulta, vi um homenzinho cor de rosa e seu boi rosado no assoalho do meu quarto. Mais tarde, descobri que aparições de figuras miúdas recebem o nome de alucinações liliputianas. Hoje reconheço todos esses estados como fenômenos de aura, parte de minha vida de enxaquecas. O que mudou desde a infância não foram as auras, mas o sentido que atribuo a elas. Não imagino mais presenças sobrenaturais. Atribuo esses altos e baixos aos meus nervos, contudo isso não quer dizer que as experiências não façam sentido para mim, ou que não foram importantes para me tornar quem eu sou. O que penso sobre tais eventos afeta os próprios eventos. Epilépticos também têm auras — sentem odores, sensações e impressões de acabrunhamento, medo ou êxtase, que podem preceder um ataque. Na história da medicina, os estudiosos sempre estabeleceram vínculos entre doença e personalidade. Médicos especulam sobre a personalidade dos pacientes de enxaqueca, num esforço para localizar traços em comum, mas tanta gente sofre desse mal, acompanhada de vários tipos de auras, que a esperança de tipificar o paciente de enxaqueca foi praticamente abandonada. No caso de pessoas que têm epilepsia do lobo temporal, porém, parece haver uma série ampla de características compartilhadas, inclusive a tendência à religiosidade. Hipócrates estabeleceu uma ligação pela primeira vez da epilepsia com a religiosidade em 400 a.C., uma observação que vem sendo reiterada com o decorrer do tempo, até a era moderna.[156] Emil Kraepelin, o famoso médico da virada do século cuja classificação rigorosa dos transtornos psiquiátricos influenciou a especialidade, também notou que os epilépticos apresentam fortes tendências espiritualistas.[157]

A associação de uma patologia com a personalidade nos leva a uma questão maior: o que somos? Até que ponto podem as crenças, inclusive religiosas, se vincularem à neurobiologia do indivíduo? Muitas pessoas aceitam a noção de que doenças como epilepsia, derrame e ferimentos na cabeça podem alterar a personalidade, entretanto não veem com bons olhos a ideia de que descobrimos "verdades" por meio do sistema nervoso. Apesar de meus pais serem luteranos não praticantes, eu fui uma criança discreta e ardentemente devota. Tempos depois, quando minha crença em Deus desapareceu, dispensei a observância mas mantive o ardor. O que ficou no lugar foi um profundo senso de transcendência sem o acompanhamento do dogma.

Uma série de artigos populares, em anos recentes, proclamou a descoberta de um "ponto divino", localizado no lobo temporal do cérebro. Em 1997 o *Los Angeles Times* publicou: "'Pode haver um maquinário neural especializado, no lobo temporal, envolvido com a religião', disseram membros da equipe de pesquisadores".[158] Vale ressaltar o curioso emprego da semântica na anatomia: *maquinário neural especializado, no lobo temporal, envolvido com a religião*. A "equipe" não afirma que certas sensações e sentimentos vivenciados pelos seres humanos no decorrer da história podem ter sido atribuídos ao sobrenatural. Diz-se que a religião está "embutida" em nosso cérebro e, ao afirmar isso, aqueles pesquisadores alinham-se aos frenologistas do século XIX, que dividiam o cérebro em regiões distintas, isoladas, cada uma com sua função especializada. Toque aquele ponto e você acreditará em Deus. Não é difícil ver que essa redução grosseira de uma realidade histórica e social complexa a um pedaço do cérebro se trata de ingenuidade filosófica da pior ordem. Outro estudo refutava a descoberta, situando a "religião" em volta do cérebro, incluindo-a nas áreas associadas ao envolvimento emocional, cuidado maternal e vínculo inicial do filho com a mãe. Sem dúvida, o sentimento religioso não é uma entidade única. Se reunirmos um grupo de epilépticos religiosos e um grupo de freiras carmelitas, pedirmos que pensem em religião e depois testarmos as reações eletrodérmicas, também conhecidas como respostas galvânicas da pele (RED ou, em inglês, GSR), ou colocá-los em FMRIS, provavelmente obteremos resultados variados.

Não se pode negar, contudo, que algumas pessoas são mais vulneráveis do que outras ao que Freud chamou de "sentimento oceânico". Freud declarou que não tinha o sentimento, mas que havia reconhecido sua presença em outrem. Depois de uma conversa com o romancista Romain Rolland, ele escreveu a respeito do fenômeno em *O mal-estar na civilização*:

> Trata-se de um sentimento que ele [Rolland] gostaria de designar como uma sensação de "eternidade", um sentimento de algo ilimitado, sem fronteiras — "oceânico", por assim dizer. Esse sentimento, acrescenta, configura um fato puramente subjetivo, e não um artigo de fé; não traz consigo qualquer garantia de imortalidade pessoal, mas constitui a fonte da energia religiosa de que se apoderam as diversas Igrejas e sistemas religiosos, é por eles veiculado para canais específicos e, indubitavelmente, também por eles exaurido. Acredita ele que uma pessoa, embora rejeite toda crença e toda ilusão, pode corretamente chamar-se a si mesma de religiosa com fundamento apenas nesse sentimento oceânico.[159]

Freud especula se o sentimento oceânico seria uma lembrança implícita do início da vida, quando nossos egos ainda não estavam inteiramente separados do mundo que nos rodeia. Sua ideia combina com a dos pesquisadores que encontraram conexões entre o sentimento religioso e o vínculo mãe e filho. Esse período esquecido, segundo Freud, persiste na sensação de união com o mundo. A infância é irrecuperável. Suas memórias vivem ocultas. Em que medida retornam de modo imperceptível, ou são disparadas por vários catalisadores, permanece como questão em aberto. Mas o que Freud compreendeu em sua conversa com Rolland foi que "oceânico" não significa necessariamente um conjunto de crenças religiosas.

A tarefa do diagnóstico é separar a "doença" da "pessoa". Sarampo é uma coisa. Vem e vai. As manchas passam de uma pessoa para outra. É provocado por um único agente patogênico. Mas, e quando a doença se personaliza? Em 1975, Norman Geschwind e seu colega médico Stephen Waxman publicaram um estudo sobre as características compartilhadas que notaram entre pacientes com epilepsia do lobo temporal entre os ataques (chamado de período *interictal*): aumento da religiosidade ou preocupação com questões éticas, bem como intensificação das emoções, que dependiam da irritabilidade. Eles também tendem a apresentar hipossexualidade e hipergrafia — muitos sentiam necessidade de escrever, por vezes compulsiva.[160]

Geschwind definia a religiosidade como um estado mais relacionado ao sentimento oceânico de Freud e à transcendência extraordinária de Baruss do que à teologia formal. Artistas e religiosos tão diferentes quanto são Paulo, Maomé, Joana d'Arc, santa Teresa de Ávila, Fiódor Dostoiévski, Gustave Flaubert, Soren Kierkegaard, Vincent van Gogh, Guy de Maupassant, Marcel Proust, Lewis Carroll e Alfred, lord Tennyson, foram diagnosticados como portadores de epilepsia do lobo temporal, em vida ou após a morte.[161] Os diagnósticos *post-mortem* de pessoas famosas e geniais surgem em livros e estudos desde o início da medicina moderna. Hoje parece indiscutível que Flaubert tinha epilepsia, embora tenha sido também neurótico e histérico; Dostoiévski certamente sofria de epilepsia (a despeito do famoso diagnóstico de Freud, de histeroepilepsia); a conversão de são Paulo na estrada para Damasco apresenta indícios de um ataque; santa Teresa

150

sofria de epilepsia, histeria e enxaqueca; Van Gogh tinha várias doenças, como epilepsia, envenenamento por chumbo, doença de Ménière, esquizofrenia e transtorno bipolar. Lewis Carroll é considerado pelos neurologistas epiléptico do lobo temporal e vítima de enxaquecas. Os sintomas podem nos conduzir a vários caminhos, especialmente quando se examina um paciente morto há anos. Estudar diários, cartas, textos e obras de arte em busca de pistas neurológicas tem lá suas limitações.

Quando era jovem eu desenhava bastante, e o impulso mais tarde se voltou para a escrita; muitas vezes eu sentia uma presença inefável atrás de mim. Meu apetite sexual parece normal (seja lá o que for isso), mas tenho sido com frequência passional demais em situações sociais, e intolerante em relação a conversas fúteis, embora me esforce ao máximo para reduzir a intensidade de minha presença. Confessei à dra. L. que cheguei a pensar se não teria uma personalidade do lobo temporal. Contudo, também no caso minhas identificações mudam. Eu empatizo com muitas doenças. Como inúmeros estudantes de medicina do primeiro ano, eu mergulhava nos sintomas de uma doença após a outra, alerta quanto ao latejar ou formigar, tremer ou palpitar de meu corpo mortal — cada um deles um aviso potencial *do fim*.

Sem dúvida, por conta de minhas visões e elações, os místicos de todas as tradições me fascinam, e li sobre muitos deles. Qualquer que seja a interpretação que se dê aos estados transcendentes, as experiências místicas são genuínas, assumem diversas formas, podem surgir espontaneamente ou induzidas por drogas, meditação ou mesmo pela música repetitiva, percussiva. Em seu livro *As grandes correntes da mística judaica*, Gershom Scholem cita um discípulo de Abraham Abulafia, que depois de duas semanas de meditação começou a tremer: "Tremores intensos tomaram conta de mim, perdi as forças, meu cabelo arrepiou, era como se eu não pertencesse a este mundo".[162] No curso médio, quando pesquisava místicos cristãos, deparei pela primeira vez com as versões iniciais do "ponto divino", a explicação médica para quem ouvia vozes, tinha visões e sensações eufóricas. Estados mentais alterados são considerados patológicos há muito tempo, e assim descartados pela explicação. Em *Varieties of religious experience*, William James chama a esse método eliminatório de "materialismo médico":

> O materialismo médico acaba com são Paulo ao chamar sua visão na estrada para Damasco de lesão nervosa do córtex occipital, por ele ser epiléptico. Descarta santa Teresa como histérica, e são Francisco de Assis como degenerado hereditário [...] Com isso, o materialismo médico acredita que a autoridade espiritual desses personagens foi favoravelmente minada.

James prossegue, dizendo que a psicologia moderna aceita "conexões físico-psíquicas" e a genérica "dependência dos estados mentais das condições corporais". Segue-se, portanto, que todos os estados mentais são orgânicos, neste sentido:

> Teorias científicas são organicamente condicionadas, assim como as emoções religiosas; se conhecermos os fatos a fundo, sem dúvida veremos que o fígado determina as afirmações do ateu convicto de modo tão decisivo quanto determina as crenças do metodista crente, ansioso pelo destino de sua alma. Quando altera de certa maneira o sangue que filtra, temos o metodista; se filtrar de outro modo, desemboca no esquema mental do ateu. O mesmo vale para nossos entusiasmos e desencantos, nossos anseios e desejos, nossas questões e crenças. A origem de todos é igualmente orgânica, seja de conteúdo religioso ou não.[163]

James não acreditava que isso encerrava a questão, como demonstram as muitas páginas que se seguem a esta passagem. Nem fígado nem neurônios, apesar de sua importância, fornecem explicações suficientes para crenças e experiências espirituais ou intelectuais. O engenheiro que rejeita a empatia não está menos sujeito a sua realidade corporal do que são Paulo. O pensamento de James ecoa a meditação sobre doença e sentimento em *O idiota*, de Dostoiévski. "E se for uma doença?", pergunta a si mesmo o príncipe Myshkin, o herói epiléptico. "O que interessa que seja uma tensão anormal, se o momento da sensação, lembrado e analisado no estado de saúde, se mostra como harmonia e beleza levadas ao mais alto ponto de perfeição, e dá a sensação, inesperada e até então inimaginada, de completude, proporção e reconciliação, além de uma fusão em êxtase e oração, com a mais alta síntese da vida?"[164] Embora por vezes o mórbido seja também transcendente, o transcendente não pode ser reduzido ao mórbido.

Dostoiévski explorou as auras epilépticas em seus romances, e elas sem dúvida influenciaram suas crenças religiosas. Flaubert jamais usou explicitamente ataques em suas obras. As efusões românticas de Emma Bovary são inteiramente diferentes das elações do príncipe Myshkin, no mínimo em virtude de Flaubert manter uma distância irônica, ainda que solidária, de sua heroína teatral. Dostoiévski e Flaubert podem ter compartilhado a mesma doença, mas a personalidade e a arte de cada um se desenvolveram por caminhos bem diferentes.

Definidas como doenças ou não, as experiências místicas dissolvem os limites do eu. Se as histórias das enfermarias psiquiátricas servem para esclarecer algo, é que as fronteiras imaginadas por nós para a personalidade são mutáveis. Auras de enxaqueca por vezes provocam em mim uma sensação de alegre imersão no mundo, mas a mulher trêmula me parte ao meio. A primeira sensação gera integridade e harmonia, a segunda, rompimento e divisão. Quando os tremores ocorrem, meu eu narrativo, em primeira pessoa, parece ir para um lado, e o corpo recalcitrante, para outro. Isso ilustra o fato de eu me situar a partir da voz interior. A linguagem é íntima do sentido de ser — o interminável interior verbal ruminante que me acompanha na realização das tarefas cotidianas. Eu sinto que elaboro o comentário, que o formulo para exprimir o que penso, sinto ou vejo, e quando falo em voz alta, me expresso com imenso cuidado, para ser compreendida, assim como ouço com atenção quando quero entender a mensagem do meu interlocutor. Por vezes, porém, as palavras se distanciam da personalidade e voam para um território incógnito, e são escutadas como se viessem de seres invisíveis. As pessoas ouvem vozes.

Em suas *Confissões*, santo Agostinho escreve sobre sua profunda crise espiritual, durante a qual ouve a voz de uma criança repetir sem parar "*Tolle, lege*" (Pegue e leia).[165] Joana d'Arc ouvia vozes, acreditava nelas, e chegou à corte francesa e ao campo de batalha. William Blake via e ouvia anjos. A longa lista inclui Maomé, o poeta sufi Rumi, Yeats, Rilke e todos os que ouvem vozes durante períodos de intensa tensão ou emoção. Numa das turmas do hospital eu lecionava para uma mulher que conversava com Deus regularmente. Ela tinha uma linha direta com o divino porque Deus era, segundo ela, seu *marido*. Claro, nem todas as vozes alucinatórias produzem revelações religiosas. Uma amiga contou a história de um conhecido que era atormentado por vozes irritantes sempre que abria a torneira para tomar um banho. "Seu porco de merda, seu inútil!" Ouvir vozes é uma história tão antiga quanto a das doenças convulsivas. Sócrates ouvia vozes, na *Ilíada* e na *Odisseia* as vozes dos deuses guiam os heróis. Qualquer que seja o conteúdo transmitido pelas palavras, vozes intrusas são sempre sentidas como exteriores ao eu, o que as torna qualitativamente diferentes de nossa voz interior ou de um narrador interno, não obstante alguns pesquisadores suponham que a voz interna é desviada, nessas experiências. Como as mãos alheias dos pacientes de cérebro desconectado, os membros paralíticos de quem sofre de heminegligência, a mão de Neil e suas recordações, os textos automáticos que fluem da pena de inúmeros poetas, eles não são vistos como algo que *pertence a mim*.

Em seu livro *The origin of consciousness in the breakdown of the bicameral mind* [A origem da consciência na avaria da mente bicameral] (1976), Julian Jaynes argumenta que, antes do final do segundo milênio antes de Cristo, os seres humanos passaram a ter uma mente bicameral, em vez de uma consciência unitária — os dois hemisférios cerebrais começaram a funcionar separadamente. E, sob condições severas, esses povos pioneiros ouviam vozes, com frequência comandos, que se originavam no hemisfério direito, mas eram interpretados como oriundos de poderes superiores. Tudo mudou quando a tradição oral se tornou literária, quando se criou a cultura da leitura e da escrita. Segundo a teoria bicameral, nossos cérebros foram alterados com o advento da escrita.[166] Jaynes tem seus admiradores e detratores, e seu conceito geral permanece controverso, mas num reexame recente alguns estudos indicaram haver um aumento da atividade do lado direito nas pessoas que sofrem de alucinações auditivas.[167] Não há consenso, porém, sobre o que realmente ocorre no cérebro daqueles que ouvem vozes.

Sabe-se, contudo, que, apesar de a função da linguagem ainda ser dominada pelo hemisfério esquerdo, nosso hemisfério direito não é incapaz do discurso, e que ele desempenha um papel importante em certos aspectos da linguagem, como a compreensão da carga emocional de uma sentença. As experiências humanas iniciais com a linguagem — um pai carinhoso que repete o nome do filho, os encantos das músicas e poesias infantis, a musicalidade do som da voz da mãe que reconforta o filho — parecem pertencer à cognição do hemisfério direito, e não do esquerdo.[168] Comandos negativos iniciais dos pais, como "Não" ou "Pare", também se enquadram nesta categoria, como palavras-tabu poderosas, os palavrões proibidos. O neurologista John Hughlings Jackson, no século xix, teorizou a respeito das diferentes funções linguísticas dos dois hemisférios. Pela observação cuidadosa dos pacientes, bem como pelo estudo de outros médicos (Paul Broca, em particular), ele determinou que o hemisfério direito era responsável pelas expressões automáticas, pelas emissões explosivas e espontâneas de palavras que não seriam ditas de propósito. As expressões verbais torrenciais da síndrome de Tourette parecem demonstrar isso muito bem. Quando os hemisférios esquerdo e direito funcionam juntos, Jackson sustentava, o automático se combina com o emprego *voluntário* das palavras e se torna o discurso ordinário.[169] Eu sublinharia o fato de que a mescla de Jackson significa que na união dos dois hemisférios *a expressão verbal ganha um dono* — o sujeito em primeira pessoa. Também vale destacar que, desde o início dos anos 1960, neurologistas relatam que pessoas iletradas que sofrem danos nas áreas do hemisfério esquerdo não apresentam os mesmos problemas de afasia que os alfabetizados,[170] uma observação que não chega a provar, mas tampouco debilita o conceito histórico de Jaynes. Aprender a ler e escrever pelo jeito reforça o domínio do lado esquerdo do cérebro.

Existe também a hipótese de que pessoas em estados maníacos e hipomaníacos podem se tornar temporariamente bilaterais no tocante à linguagem, com o uso dos dois hemisférios com mais equilíbrio. Um número inusitadamente alto de poetas sofria de transtorno bipolar, com seus altos e baixos dramáticos, e alguns estudiosos argumentam que a poesia, mais do que a prosa literária ou a comunicação verbal comum, depende da intensidade da linguagem no hemisfério direito, o que ajuda a explicar algumas das histórias de escrita automática, abruptas inspirações e a sensação de que a obra não é elaborada, mas ditada. Entre os vários poetas e escritores que provavelmente tiveram o que hoje chamamos de transtorno bipolar destacam-se Paul Celan, Anne Sexton, Robert Lowell, Theodore Roethke, John Berryman, James Schuyler e Virginia Woolf. Minha própria experiência com a escrita de pacientes maníacos — ou qualquer paciente psicótico — é que tanto sua prosa como sua poesia são mais vívidas, musicais, humoradas e originais do que as escritas pelas pessoas ditas normais. Temas religiosos e cosmológicos são muito comuns, embora em geral faltem ao texto lógica e sequência narrativa. Muitos pacientes de redação criativa também ouvem vozes, e muitos eram impressionantes hipergráficos. P., uma mulher inteligente, articulada, muito instruída, maníaco-depressiva, numa das aulas me contou que redigira uma obra de sete mil páginas em poucos meses, durante um dos períodos eufóricos mais longos.

Associa-se intensamente com a esquizofrenia o fato de alguém ouvir vozes. Alguns esquizofrênicos são atormentados regularmente por vozes — algumas malignas, outras não — cujos comentários, críticas e ordens incessantes interferem nas atividades cotidianas como acordar, trabalhar, comer e conviver com a família. Mesmo assim, desde que Jaynes publicou seu livro em 1976, uma série de estudos mostrou que as alucinações auditivas são comuns em pessoas que não foram diagnosticadas como doentes mentais. Daniel Smith, autor de *Muses, madmen and prophets: rethinking the history, science, and meaning of auditory hallucinations* [Musas, loucos e profetas: repensando a história, a ciência e o significado das alucinações auditivas], interessou-se pelo assunto porque seu pai e seu avô ouviam vozes durante boa parte do tempo. Nenhum dos dois era esquizofrênico ou maníaco-depressivo. Fiquei comovida ao saber que Smith se esforçou muito para induzir a manifestação das vozes nele. Chegou a passar um tempo fechado em um ambiente de privação sensorial, na esperança de ter a experiência, sem êxito.[171]

A interpretação das vozes varia de pessoa para pessoa. Algumas, em especial as esquizofrênicas, explicam as falas dentro ou fora de suas cabeças como visitantes invasores do espaço, anjos, rádios implantados ou, mais recentemente, *chips* de computador, enquanto outros que ouvem vozes parecem saber que elas são produzidas internamente. Esquizofrênicos tendem mais a produzir uma resposta, a delirar. Afinal de contas, uma alucinação não passa de uma experiência que não faz parte da realidade intersubjetiva. Se eu ouço sinos tocarem, pergunto se você os ouve também, mas você escuta apenas os ruídos ambientais de minha sala, você tem razão em pensar que está acontecendo alguma coisa estranha comigo.

Depois da cerimônia da árvore em homenagem ao meu pai, minha mãe, minhas três irmãs e eu conversamos na cozinha de Liv. Discutimos as misteriosas convulsões por algum tempo, e depois, citando outros problemas neurológicos, mencionei minhas alucinações auditivas. Ouvi vozes quando tinha de onze a doze anos, não sempre, só de vez em quando. Elas surgiam quando eu estava sozinha e recitavam um coro mecânico, repetindo frases exaustivamente; a sensação era de que elas tentavam me envolver com seu ritmo insistente, ameaçador, queriam me dominar. Liv disse que ouvia vozes ameaçadoras quando tinha a mesma idade, e que as enfrentava com suas próprias palavras, tentando afogá-las. Minha irmã Ingrid contou ter ouvido uma voz, aos seis ou sete anos, que acreditou ser sua consciência falando com ela em voz alta. Certa noite, cansada das vozes em sua cabeça, ela procurou meus pais e perguntou o que devia fazer com o "Grilo Falante". Pinóquio era a única referência da minha irmã para o fenômeno, e fazia perfeito sentido. Meus pais, porém, compreensivelmente, não faziam a menor ideia do que se tratava. Soubemos que minha mãe nunca tinha ouvido vozes, nem minha irmã Asti. Esta confessou que se sentia meio excluída — a única irmã que não alucinava, das quatro. Mais tarde minha filha Sophie, de 21 anos, contou escutar vozes quando era menina. Meu pai disse certa vez, após a morte de meu avô: "De vez em quando eu ouço papai me chamar". Ele anunciou isso como um fato simples, um sentimento óbvio, e não achei que o considerasse um problema. Ele amava o pai, e às vezes ouvia sua voz. Talvez a voz fosse o retorno de uma memória auditiva antiga, vinda do hemisfério direito do cérebro — o som do pai dele, que o chamava para casa. Em vários momentos de minha vida tive alucinações em que meu pai e minha mãe chamavam meu nome. O fenômeno parece comum na família. Meu pai, três entre quatro irmãs e minha filha, todos nós já ouvimos vozes.

Outro caso ilustra as características emocionais, breves e incontroláveis de pelo menos um tipo de voz, que deve emanar de algum lugar do indivíduo, mas é claramente ouvida como se viesse de uma pessoa diferente. Durante o cerco a Sarajevo, Paul e eu recebemos um hóspede daquela cidade, um diretor que havia adaptado um dos livros de meu marido para o teatro. Durante os poucos dias que ele passou conosco, contou histórias de amigos traídos, de atos cruéis inimagináveis, das privações duradouras da guerra. No final de uma manhã ele saiu de nossa casa no Brooklyn para uma reunião em Manhattan. Despedi-me e fui para minha mesa, trabalhar. Minutos depois de ter sentado, ouvi seu grito: "Socorro!". Desci os dois lances de escada correndo e fui até a porta, esperando encontrá-lo caído na entrada. Mas não havia sinal dele. Fora uma alucinação. Nosso amigo não havia gritado "Socorro!". A voz, *a voz dele*, não era uma lembrança acústica de algo dito por ele, mas suponho que, como nos sonhos, se tratava de uma condensação dos dias de conversa num único e vívido grito de ajuda, repentina e involuntariamente emitido por um recanto profundo e emocional de minha mente.

Desde aquele estranho mas inesquecível grito de socorro, o único momento em que ouço vozes regularmente é de noite. Deitada na cama, no devaneio que antecede o sono, costumo ouvir vozes masculinas e femininas que emitem frases curtas, enfáticas, e de vez em quando pronunciam meu nome. Tento lembrar o que disseram, porém isso raramente ocorre. São os sons efêmeros audíveis quando a consciência plena recua e a mente parece percorrer dois caminhos distintos: o visto e o ouvido. Estranhos invisíveis pronunciam frases curtas, enquanto eu observo as fabulosas e quase sempre coloridas imagens das alucinações hipnagógicas, tanto figurativas como abstratas, que passam pelas pálpebras cerradas. São fenômenos do limiar do sono e dos sonhos. Como sonhos, não derivam da vontade. Diferentemente dos sonhos, eu ouço vozes, mas nunca respondo a elas, sou observador das visões e não um protagonista em primeira pessoa. Certa ocasião, eu me vi numa dessas cenas anteriores ao sono. No início, não reconheci para quem estava olhando, então me dei conta de que era uma imagem minha, mais jovem. Com um bebê no colo, minha filha quando era pequena. Sophie apoiava a cabeça no meu ombro, e depois, como tudo naquela tela fugaz, desaparecemos.

Se há uma lição a ser tirada desta rápida passagem pelos sentimentos transcendentes e vozes alheias, é a dificuldade para classificar tais fenômenos. Não raro essas experiências estão ligadas a doenças como epilepsia ou psicose, mas nem sempre. Quando se tornam insuportáveis para o indivíduo ou para os outros, a pessoa pode se internar para tratamento. Caso contrário, estados de espírito elevados e até êxtases, além de vozes intermitentes, integram-se à vida cotidiana ou são desviados para a poesia. Na verdade, podem acrescentar sentido à vida, e não tirar, e as pessoas inevitavelmente os julgam conforme a perspectiva de sua história narrada. As iluminações e êxtases de Rumi e Rilke podem compartilhar traços e bases fisiológicas, no entanto as viagens mentais de um e de outro foram contextualizadas de maneira diferente, pois cada um vivia dentro da própria linguagem e cultura. É certo, contudo, ser difícil separar a *personalidade* dessas experiências vividas, por mais curiosas que sejam, especialmente se forem recorrentes, e o sentido que cada um dá a elas é crucial para a convivência com esses fenômenos.

Recebi uma carta da dra. L, de três páginas em espaço simples, com uma descrição de nosso encontro e dos procedimentos previstos. Tenho uma médica meticulosa. Uma frase chamou a minha atenção: "Em resumo, o histórico e o exame físico indicam que ela tem enxaqueca clássica, ocasionalmente alterada para enxaqueca crônica, e a paciente teme ter epilepsia do lobo temporal com base no histórico e nas características dos episódios". Então minha vida está nos limites da dor de cabeça. Acordo com enxaqueca quase todos os dias, costuma passar depois do café, mas cotidianamente sofro com alguma dor, cabeça turva, alta sensibilidade à luz, sons e umidade relativa do ar. De tarde eu me deito para fazer exercícios de *biofeedback*, que acalmam meu sistema nervoso. A dor de cabeça sou eu, e compreender isso tem sido minha salvação. Talvez o truque agora seja integrar a mulher trêmula, reconhecer que ela também faz parte de mim.

Estou sentada na sala de espera da central de exames para fazer a ressonância magnética com o formulário de aprovação na mão. O plano de saúde liberou apenas a imagem por ressonância magnética do cérebro, mas não a da coluna cervical. Quando escrevi meu nome e endereço, me dei conta de que estava a ponto de cometer um erro. Em "cidade" eu quase escrevi Northfield, onde cresci, e não Brooklyn. Uma surpresa. Resido no Brooklyn há 27 anos, e há trinta na cidade de Nova York. Sem ter consciência disso, devo ter viajado no tempo para uma casa da qual não me recordo. Só guardei daqueles anos iniciais meu primeiro endereço: West Second Street, 910 Northfield, Minnesota. O interior da casa é puramente imaginário, e seus ocupantes são personagens que moldei a partir de histórias que outras pessoas me contaram. Minha mãe, ainda jovem, se debruça sobre um bebê com febre, cujo corpo treme e se agita. Agora moro em outra Second Street, situada no Brooklyn, em Nova York. A troca se deu num recanto oculto da mente, onde uma cidade substituiu a outra, duas ruas se misturaram, assim como o passado e o presente formaram uma única imagem paroxísmica. O que surge à luz do dia é uma palavra: *Northfield*. Conforme a mão se move sobre o papel e preenche o formulário, um ato habitual, realizado milhares de vezes desde que aprendi a escrever, se desloca, como se eu ainda fosse uma menina, na carteira da escola, preenchendo um papel com meu nome e endereço para entregar à professora.

Quando enfaixam minha cabeça e me conduzem a um tubo comprido, sinto ansiedade. O técnico explica que o exame dura cerca de meia hora. Ele me dá uma bola para apertar, caso "eu não goste de ficar lá dentro" — em outras palavras, se eu entrar em pânico. Não gosto de lá, mas não fico em pânico. Preparo-me mentalmente para fazer um *biofeedback* e me abrir para a experiência, como um bom fenomenologista faria. Embora use tampões nos ouvidos, o ruído da máquina é ensurdecedor. Parece que estou imobilizada num show de rock extraterrestre, cujo ritmo golpeia minha cabeça sem cessar. Tento contar as batidas. Três longas sequências de um som, seguidas de seis batidas curtas. Consigo assimilar o padrão, porém em seguida ouço o barulho de uma furadeira de concreto. O concerto transformou-se num robô anfetaminado que me usa como bateria. Difícil permanecer imóvel. O som percute em minha cabeça, mas também o sinto no torso, nas pernas e nos braços. O rosto entra em convulsões involuntárias, e saio tonta da meia hora de encapsulação.

Saio do prédio sentindo que uma névoa toma conta da minha cabeça. A visão muda. Na rua, a luz solar incomoda. Primeiro vem a tontura, depois a náusea. Em seguida a dor lancinante e uma exaustão extrema, que me obrigam a andar devagar. A ressonância magnética detonou a enxaqueca. O exame para detectar cicatrizes no meu cérebro que pudessem apoiar o diagnóstico de epilepsia levou o pobre órgão a um território familiar — a terra da dor de cabeça. Sorrio com a ironia. Não combato mais a enxaqueca. Eu a adoto, e isso provoca o curioso efeito de atenuar a dor.

Em *A gravidade e a graça*, Simone Weil escreveu: "Dores de cabeça. Num determinado momento, a dor é aliviada pela projeção no universo, mas o universo é contaminado; a dor é mais intensa quando volta para casa, mas algo em mim não a sofre, e permanece em contato com um universo que não foi contaminado".[172]

Weil, filósofa, mística e ativista política, lutou contra dores de cabeça intensas. Sofria de enxaqueca crônica, e traços de sua personalidade apresentam forte semelhança com os que Norman Geschwind relacionou à epilepsia do lobo temporal. Ela podia ser descrita como hipossexual; nunca teve um amante, porém escrevia com energia inesgotável e era profundamente religiosa. Se sofria ataques, eles não foram diagnosticados. Geschwind não acreditava que sua lista de traços se limitasse aos epilépticos, um fato que amplia a síndrome e a enfraquece como instrumento diagnóstico. Weil foi uma pessoa de capacidade intelectual rara, cujas experiências a conduziram para longe do materialismo, ao reino da transcendência extraordinária. (Suspeito que ela poderia remontar qualquer imagem que o professor Baruss colocasse na sua frente.) A vida de Weil é mais um exemplo de como o neurológico e o psicológico se sobrepõem para moldar crenças, de natureza tanto espiritual como material, como argumentava James. Isolar as enxaquecas de Weil de sua personalidade e de suas ideias só serve para criar falsas categorias, o que não significa dizer que ela era *constituída* pelas dores de cabeça. Como qualquer um de nós, ela se formou como ser ao longo do tempo. Uma tendência genética para a enxaqueca e a experiência cotidiana da enxaqueca, bem como a instabilidade neurológica que a acompanha, foram peças essenciais em sua história de vida, como no caso dos ataques de Dostoiévski. Epilepsia e enxaqueca não atingem apenas os mais dotados de nós, claro. A produção hipergráfica de uma pessoa pode ser brilhante, e a de outra, irrelevante como obra. A doença não produz necessariamente o *insight*.

No entanto, a passagem de Weil sobre dor de cabeça é tipicamente perspicaz. Ela dissolve os limites entre dentro e fora. Sua enfermidade é interna e externa, a dor intensa, e mesmo assim uma parte dela consegue suspender a dor e dar conta do que não é sofrimento, e sim um todo. Sei, por experiência própria, que é possível lidar até com a mais forte das dores de cabeça, sentindo dor, mas aprendendo a não prestar atenção nela, o que só exacerbaria o penar. Preocupação e concentração pioram as dores de cabeça. A distração e a meditação a atenuam.

Em *Dor: a ciência do sofrimento*, o neurocientista Patrick Wall argumenta que a dor não é mensurável pelos métodos usuais da ciência. Em seguidos estudos, escreve, os pesquisadores costumam reunir um grupo de "sujeitos", administram um estímulo doloroso a cada um deles, depois monitoram e comparam as reações fisiológicas desses voluntários. A ciência funciona assim, mas Wall alega que o contexto artificial dos experimentos distorce a realidade da dor. Os participantes sabem que os cientistas não os lançarão num estado de prolongada agonia, e que podem gritar "Chega!" se a dor for muito forte. Wall chama a esse ambiente de laboratório de *dor sem sofrimento*: "A medida da dor nessas circunstâncias tem sido realizada em milhares de experiências. O conceito de uma sensação pura de dor, liberada de percepções e significados, é inerente a essas pesquisas. Muitos acreditam que essa sensação existe; eu não".[173] Wall ressalta que, apesar de experimentos terem sido conduzidos exatamente da mesma maneira, com instruções verbais idênticas, o limiar superior da dor tolerável muda de cultura para cultura. O resultado também depende de quem transmite as instruções — homem ou mulher, professor, técnico ou estudante.

Nenhuma dessas ressalvas me surpreende. Se alguém sabe que a dor passará (tenho uma dor de barriga que dura 24 horas, depois vou melhorar), é capaz de suportá-la melhor do que a dor fraca que lhe disseram que o matará, pelo que consta. Minhas raízes são escandinavas, cultura em que se valoriza muito o estoicismo. Nadar em água gelada é considerado admirável, mas em outra cultura pode ser visto como farra ou total insanidade, e a reação de determinada pessoa a um mergulho na água gelada não só *parecerá* diferente, segundo seu significado para ela, como *será* diferente, e não apenas psicologicamente, mas também neurobiologicamente. Não se podem separar os dois. Muitos indivíduos se impressionam mais com professores do que com estudantes e se mostram mais inclinados a demonstrar resistência quando estão frente a frente com *Herr Doktor* em pessoa, em comparação a um universitário que lê um texto qualquer de instruções. Suspeito que os contatos entre homens envolve competição com base na testosterona, o que seria menos provável entre mulheres. E a dor é sempre emocional. Medo e depressão acompanham constantemente a dor crônica. "Nunca vai passar"; "Sofrerei para sempre"; "Estou tão triste" são mantras de quem acorda, se arrasta pelo dia e se recolhe todas as noites com uma dor incessante, seja de que tipo for. Quando tive minhas duas crises de enxaqueca crônica, cada um delas com duração aproximada de um ano, eu conferia continuamente minha dor: "Está mais fraca? Um pouco". A esperança desfraldava uma bandeira dentro de mim. "Logo vai diminuir e sumir para sempre!"; "Piorou? Sim, está muito pior." Largo a bandeira e retorno à batalha. Hora após hora, dia após dia, mês após mês, eu acompanhei os altos e baixos de minha cabeça despedaçada. Depois da consulta com o dr. E. aprendi a meditar com a máquina dele (não há diferença essencial entre *biofeedback* e diversas formas de meditação oriental) e me afastei dos vigilantes da dor. Parei de prestar atenção demais na dor. Ela surge com frequência, e de vez em quando se torna violenta, preciso parar de trabalhar e deitar, mas não entro em desespero nem acredito que desaparecerá para sempre. Minha dor é qualitativamente diferente da dor que sentia quando eu era mais jovem. Sofro menos por causa da mudança da percepção da dor que sinto e do significado que a ela atribuo.

Patrick Wall faleceu em 2001, de câncer. Em seu livro, publicado no ano anterior, ele não ampliou seus conceitos para incluir pesquisas científicas sobre outros aspectos da vida humana, mas poderia ter feito isso facilmente. Em essência, Wall disse: a dor não pode ser separada de nossa percepção da dor, e tais percepções possuem um significado. Elas envolvem o sistema nervoso de um indivíduo dentro de um corpo específico, em relação a um ambiente particular — de cultura, linguagem e outras pessoas (presentes ou ausentes). A dor ocorre dentro do corpo vivo de um sujeito, e não dentro de um corpo inerte, objetivo e hipotético da *Anatomia* de Gray. Existe alguma "sensação pura" de qualquer coisa que possa ser atribuída às redes neurais, e não a um ser humano corporal, capaz de sentir e pensar, que vive no mundo? O problema nem toca o confuso dilema da palavra "dor" em si, usada pelos pesquisadores para representar o que acontece quando o "sujeito" leva um choque elétrico, uma agulhada ou um tapa. Como saber o que significa a dor, exceto por meio do que ela significa para mim? Durante anos ponderei a respeito das meditações sobre linguagem e dor de Wittgenstein nas *Investigações filosóficas*: [A dor] não é *uma coisa*", proclama ele, "mas tampouco é *coisa nenhuma*! A conclusão é que o nada serve tanto quanto algo a respeito do qual nada se pode dizer". O filósofo recomenda um "rompimento radical com a ideia de que a linguagem sempre funciona de determinada maneira, sempre serve ao mesmo propósito: transmitir pensamentos — que podem ser sobre casas, dores, bem e mal ou qualquer outro assunto que lhe agrade".[174] A condição instável da linguagem está em seu uso, que muda conforme o falante. Os cientistas se esquecem disso com impressionante regularidade.

Sempre achei cômico um médico perguntar como eu classificava minha dor numa escala de 1 a 10. Os números no lugar das palavras. Avaliar minha dor em relação a quê? A pior dor que já senti? Será que me lembro da pior dor? Impossível retê-la como dor, ela só permanece como lembrança articulada, ou relação empática com minha personalidade passada: a dor do parto, dores de enxaqueca, a dor que senti ao fraturar o cotovelo. Qual delas merece nota 6, ou 7? Seria seu 4 o meu 5? O 9 de Charlie corresponderia ao 2 de Daya? O 10 realmente existe, ou não passa de uma representação idealizada do insuportável? A gente morre, acima de 10? A noção de que graus de dor podem ser reduzidos a números é ridícula, porém rotineira. A tentativa de evitar ambiguidades só contribui para criá-las.

A transformação em minha dor é psicobiológica. Meus pensamentos têm sido cruciais para reduzir a dor. Como os autores do estudo sobre efeito placebo que citei antes reconhecem, "fatores cognitivos" afetam a química neural. O que sempre pensamos ser mental pode influenciar o que sempre pensamos ser físico. Ninguém sabe explicar como funcionam esses mecanismos complexos, mas a atividade na porção pré-frontal, executiva, do cérebro, parece regular e inibir muitas funções cerebrais. Pessoas com transtorno obsessivo-compulsivo podem reduzir sua intensa necessidade de lavar, conferir, contar ou tocar com técnicas comportamentais simples — resistir ao impulso durante períodos cada vez maiores. A cura pela palavra tem sido tão eficaz quanto medicamentos para pessoas com depressão suave ou moderada, embora os dois tratamentos sejam usados atualmente.[175]

Os seres humanos são animais repetitivos. A repetição cria o sentido. Quando deparo com uma palavra desconhecida, consulto o dicionário e espero que na próxima ocorrência de "pruriginoso" eu me lembre de seu significado. Assim que é repetido, o novo deixa de ser novo. Tremer uma vez é diferente de tremer duas. Nas doenças psiquiátricas e neurológicas, a repetição pode se tornar compulsiva, uma necessidade incontrolável de retornar ao mesmo, Freud notou isso em pacientes seus e escreveu a respeito. No hospital onde leciono, muitos pacientes de minhas turmas iniciaram rotinas neuropsicológicas — incapazes de se libertarem do padrão de repetição mórbida incansável. Pessoas deprimidas geram um pensamento ruim em seguida de outro, por exemplo, mas há momentos em que são instadas a redirecionar as energias para escrever, e pelo menos durante a atividade deixar de lado os comportamentos incômodos. "Eu me lembro do caldo da galinha que mamãe fazia, era uma delícia."

Na história da mulher trêmula narra-se um evento que se repete ao longo do tempo, ganhando múltiplos sentidos, conforme é observado de várias perspectivas. O que surgiu como anomalia se tornou assustador e emocionalmente tenso, com a recorrência. Pode-se dizer que minhas reações, com o passar do tempo, foram psicológicas, em vez de neurológicas. Como estabelecer a diferença? Os cientistas falam rotineiramente em *níveis* — nível neural, nível psicológico. Usam uma metáfora espacial. Na base encontram-se os neurônios. Um degrau acima, a psique. Subimos uma escada, não difere muito da cadeia dos seres da época medieval, a chamada escala natural. O visível situa-se no primeiro degrau; o invisível, as questões psíquicas, no segundo. Um neurônio pode ser visto. Seus pensamentos não. Os neurônios são mais reais do que os pensamentos? Os cientistas costumam falar em representações neurônicas. Como os neurônios *representam* algo? Uma representação é uma imagem ou símbolo de outra coisa. Como isso funciona? Existe um estrato do *cérebro* e em cima dele a *mente*, e os dois estão conectados de alguma maneira? Outros cientistas e filósofos acrescentam um terceiro patamar para nossa vida global, social e cultural — que fica fora de nós. Não existe a possibilidade de essa metáfora visual apresentar problemas, de a própria ideia de *níveis* hierárquicos se mostrar falha? Podem cérebro, psique e cultura realmente ser separados uns dos outros? Não nascemos num mundo de pessoas e coisas com sentido? Não tenho resposta para essas perguntas, mas, como Wall, eu gostaria de saber se é possível isolar uma experiência como a dor de seu contexto.

Por outro lado, não acredito que a biologia deva ser ignorada. Minha atração por Merleau-Ponty vem do fato de que ele, como James, enfatiza a realidade corporal da existência humana: "Visível e móvel, meu corpo é uma coisa entre outras coisas; está preso na tessitura do mundo, e sua coesão é a de uma coisa. Mas, como anda e vê, ele mantém as coisas em círculo, à sua volta".[176] A moda recente de construção social — o estudo de como as ideias se formam numa cultura e moldam nosso pensamento — espalhou-se por inúmeros livros com títulos como *A construção social de X*, ou *A invenção de Y*. Não raro esses livros atendem a interesses políticos. Ao revelarem como a noção de "feminilidade" foi "construída" e "desconstruída" ao longo do tempo, propiciam a eliminação do peso representado pelo machismo, ao mostrar que a feminilidade não é uma entidade imutável, e sim uma ideia flutuante, sujeita às influências da história e da sociedade. Seria muito difícil argumentar contra ela, mas por vezes o foco intenso no aspecto social transforma seres humanos em carros alegóricos. Embora haja hermafroditas, a maioria das pessoas nasce homem ou mulher, e há diferenças biológicas entre os sexos, o que não implica a necessidade de um sexo oprimir o outro. Quando dei à luz minha filha, senti que meu corpo assumia o controle da situação. A gravidez e o parto, claro, são socialmente elaborados. Mary Douglas ressalta, em *Pureza e perigo*, que na cultura Lele* uma criança por nascer é considerada perigosa por outros membros da comunidade, e a mulher grávida precisa tomar cuidado e não se aproximar de pessoas doentes, pois elas correm o risco de piorar.[177] Sophie nasceu em 1987, e pelo menos no meu círculo era questão de honra fazer o parto "natural", sem o uso de drogas. Agora a epidural é rotina. A dor saiu de moda. Eliminar a dor está em voga. As "construções" variam de uma cultura para outra e sofrem mudanças dentro de uma cultura. Mas, de outro ponto de vista, o nascimento é um evento físico que, no fundo, é sempre igual. Sexo e nascimento são tanto ideias geradas culturalmente como fatos da natureza.

Em seu livro *The social construction of what?* Ian Hacking discute as doenças psiquiátricas e propõe que há espaço tanto para a construção como para a biologia. Ele ressalta que as classificações afetam o ser humano. Interagem com elas, são o que Hacking chama de *tipos interativos*. Ser chamado de esquizofrênico afeta a pessoa, que pode se envolver com a subcultura da

---

* Os Lele compunham uma tribo africana que vivia no Congo belga, que corresponde hoje à República Democrática do Congo. (N. T.)

psiquiatria em função disso e conviver com médicos de jaleco branco, intervenções farmacológicas, enfermarias fechadas, terapia da dança e até cursos de redação que influenciarão o modo como o indivíduo se vê. Isso não quer dizer que não existe biologia inerente atuando, que opera sem ser afetada em nada pelo que se pensa a respeito dela; uma predisposição genética para a esquizofrenia é classificada como *categoria indiferente*, versão de Hacking para a expressão filosófica *categoria natural*.[178] Por vezes, contudo, como o próprio Hacking sabia, o modo de pensar afeta o lado biológico. Quando pratico *biofeedback*, estou alterando meu sistema nervoso. Isso tudo significa que a pesquisa científica é vital. Observar uma única célula pode trazer resultados extraordinários. Estudar as formas inferiores de vida pode ensinar muito a nosso respeito. A posição importante ocupada pela ciência em nossa cultura não é acidental. Como Jürgen Habermas argumentou, a ciência ascendeu no mundo moderno por ter demonstrado seu grande poder sobre o mundo natural.[179] Basta pensarmos na bomba atômica ou, pelo lado positivo, nos antibióticos.

A linguagem que usamos é crucial para a compreensão, e no entanto muitos dos modelos intelectuais empregados para explicar *como funciona*, no caso dos seres humanos, são limitados, inadequados ou completamente obtusos. Categorias, limites, distinções e metáforas como escadas, raízes, teatros, computadores, rascunhos, maquinário ou salas trancadas são tão necessários quanto úteis, mas precisam ser reconhecidos pelo que são: imagens convenientes para ajudar na compreensão — que necessariamente deixam de fora, interpretam equivocadamente ou distorcem a realidade ambígua e mutante. Faz parte do ser humano especificar e denominar as coisas. Ninguém quer viver de fato como o herói de Borges, ser uma pessoa tão atenta à multiplicidade dinâmica do mundo fenomenal que o cão visto às três e catorze merece um nome diferente do visto às três e quinze. Mesmo assim, a história nos lembra de que toda abstração tem um custo. Os médicos precisam dos diagnósticos, nomes para conjuntos de sintomas, assim como os pacientes. Pelo menos, tenho um símbolo para denominar minhas dores e tremores disparatados. Tenho mesmo?

A ressonância magnética não apontou nada. Meu cérebro parecia normal, sem inchaços, tumores ou redução. Fazer o segundo exame, da espinha, ainda dependia de conseguir a aprovação do seguro de saúde. Certamente uma porcentagem significativa das pessoas que sofrem ataques apresenta imagens cerebrais normais. No *Journal of Neurology, Neurosurgery, and Psychiatry*, encontro um estudo chamado "Vale a pena realizar a cirurgia para epilepsia em pacientes com neuroimagens normais?".[180] Os autores acreditam que sim, claro, eles querem tirar um pedaço do cérebro que pertence a pessoas torturadas por convulsões, embora os médicos não encontrem evidências de lesões nos resultados da ressonância magnética. Estou mais uma vez de volta ao começo? Agora tenho uma psicanalista-psiquiatra e uma neurologista cuidando de mim, mas nenhuma delas sabe me dizer quem é a mulher trêmula.

Embora ajude, é artificial separar o que há dentro da pessoa (neurológica e psicologicamente) do que está fora (outras pessoas, a linguagem, o mundo). As diferenças reveladas por tais incisões são uma questão de foco, da maneira como se interpretam uma doença ou um sintoma. Mesmo que meus tremores sejam histéricos, uma forma de dissociação, uma metáfora pessoal para o indizível ou para a dor pela perda ou conflito emocional reprimido com meu pai, que se manifestaram como ataques psicogênicos, duvido que teriam assumido essa forma específica se eu não tivesse uma predisposição neurológica, talvez por causa das convulsões febris da infância, do ataque quando era jovem, em Paris, antes da longa enxaqueca, talvez por uma razão ainda não identificada. Muita gente — atores, músicos, cirurgiões, advogados — sofre tremores nas mãos antes do início de uma apresentação, cirurgia ou júri, e muitos os controlam com medicamentos. Meus ataques podem ser simplesmente uma versão exagerada da manifestação mais prosaica da ansiedade. Por outro lado, vamos dizer que, oculta no meu cérebro, fora do alcance da imagem obtida por ressonância magnética, ou na área da coluna cervical, exista uma *lesão* que possa ser considerada a *causa* dos tremores. Ainda não creio que teria começado a tremer se não estivesse falando sobre meu pai, no local de tantas lembranças, perante amigos e familiares conhecidos meus desde a infância. Não teria tremido naquele dia se não fosse por um catalisador emocional oculto, intenso. Ataques epilépticos genuínos são frequentemente induzidos por emoções fortes. E quanto aos tremores nos Pireneus? Subi rápido demais no ar rarefeito, perdi o fôlego, o que provocou as convulsões em meu sistema, já vulnerável. A hiperventilação pode provocar ataques. Cada pessoa tem um limiar para ataques. O meu pelo jeito é menor do que o da média. É óbvio que posso estar enganada a respeito de tudo isso.

Qualquer que seja a verdade, os altos e baixos de meu sistema nervoso e meus contatos com médicos ilustram as ambiguidades da doença e da diagnose. As ideias filosóficas subjacentes a chamar uma coisa por um nome e outra coisa por outro nome tendem a permanecer sem exame, e vogas intelectuais podem ser mais determinantes do que a reflexão rigorosa. A manchete do *New York Times* "A histeria é real?" contém a visão convencional: se você pode ver, é real e físico. Caso contrário, é irreal e mental. Ou melhor, muitos cientistas acreditam que o mental é na verdade físico, porém não conseguem descrever como isso funciona. Mais uma vez, para outros cientistas não existe realidade física passível de ser compreendida se sairmos de nossas cabeças e nos tornarmos objetivos; o que vivemos nos é dado por meios mentais. O mundo é mente. Qualquer que seja o caso, num "nível" mais prático, não há causa e efeito simples e identificável para esclarecer o que ocorre comigo, nenhum vínculo linear entre uma coisa e outra, mas certo número de fatores que podem desempenhar um papel nas excentricidades do caminho da mulher trêmula — ou não.

A irmã de uma amiga minha sofre ataques epilépticos desde pequena. L. acordava de noite e via a irmã agitando os membros e tremendo na cama ao lado. L. me disse que a irmã não se sentia alienada das auras e ataques. Na verdade, fazem parte dela de tal maneira que ela relutava em procurar auxílio médico. No ensaio "Witty Ticcy Ray", Oliver Sacks descreve um paciente da síndrome de Tourette que, livre dos tiques graças a um medicamento, sentia tanta falta deles que passou a tirar férias dos remédios nos fins de semana, para desfrutar novamente os tiques.[181] Uma paciente bipolar, P., que produziu sete mil páginas de texto, deixou claro para mim que sentia uma falta terrível de sua mania. Tive a forte impressão de que ela deixaria de tomar lítio quando os responsáveis lhe dessem alta do hospital. Quando as vozes cessaram, um paciente esquizofrênico se sentiu solitário pela primeira vez em muitos anos, e não teve certeza de gostar disso. A neurologista Alice Flaherty, em seu livro *The midnight disease* [O mal da meia-noite], descreve e analisa sua hipergrafia pós-parto, que começou pouco depois de dar à luz gêmeos, que não vingaram. Além disso, ela passou a ver uma série de imagens metafóricas que fizeram o mundo ao seu redor parecer anormalmente vívido, mas eram invasivas e a distraíam. Quando um medicamento fez com que os sintomas cessassem, ela escreveu: "O mundo se tornou tão morto que meu psiquiatra reduziu as doses até eu conseguir a volta de algumas metáforas tirânicas, pelo menos".[182] "E se isso for uma doença?", o príncipe Myshkin indagou. Eu também desenvolvi uma curiosa ligação com as enxaquecas e os vários sentimentos que as acompanhavam. Não consigo ver realmente onde a doença começa ou acaba; melhor dizendo, eu sou as dores de cabeça, e rejeitá-las significaria me expulsar de mim mesma.

Nenhum de nós escolhe doenças crônicas. Elas nos elegem. Com o passar do tempo, a irmã de L. não se acomodou a uma vida de ataques e espasmos obrigatórios; os ataques passaram a fazer parte da própria tessitura de sua identidade consciente, de sua personalidade narrativa, como as minhas enxaquecas, a mania de P., as metáforas e a hipergrafia da dra. Flaherty, para o bem ou para o mal. Talvez por ter chegado tarde, eu tenha tido muito mais dificuldade para integrar a mulher trêmula à minha história, mas, conforme ela foi se tornando familiar, passando da terceira pessoa para a primeira, deixou de ser um duplo detestável para se tornar uma parte admitidamente deficiente de mim.

Permanece controversa a noção exata da personalidade, do eu. O neurocientista Jaak Panksepp defende que os seres humanos têm um centro da personalidade, localizado no cérebro, um eu mamífero externo à linguagem, mas crucial para o estudo de consciência desperta; a região da matéria cinzenta periaquedutal (MCP) no cérebro é muito pequena, no entanto, quando sofre danos, compromete a consciência desperta.[183] Antonio Damasio também propõe a existência de um centro do eu, embora discorde de Panksepp sobre sua localização precisa.[184] Ambos afirmam que esse centro do ser não é a personalidade autobiográfica, não é a pessoa que diz ou escreve "eu me lembro".

Michael Gazzaniga, cientista que trabalhou com pacientes de

cérebro desconectado e cunhou o termo "intérprete do hemisfério esquerdo", reúne evidências para uma visão do eu por meio da teoria da seleção natural: "Tudo o que fazemos na vida é descobrir o que foi construído em nosso cérebro".[185] Segundo Gazzaniga, as influências ambientais numa pessoa *escolhem* entre opções que já estão lá. Essa ideia aparentemente inócua de habilidade inata — as pessoas não voam, exceto em sonhos e aeronaves, pois não possuem essa capacidade natural — assusta quando a teoria é aplicada no meio social. Conduz a uma série de outras crenças: os pais exercem pouquíssima influência sobre os filhos (eles são imunes à instrução), e os programas sociais destinados a apoiar pessoas com problemas diversos são contraproducentes, pois o que os indivíduos realmente necessitam é serem deixados no modo de sobrevivência. Os pacientes de câncer devem ser encorajados a "lutar" contra a doença, visto que o combate os ajudará a viver mais tempo. Gazzaniga é um dos vários cientistas que, ao publicar um livro para um público mais amplo, contesta a visão de que os seres humanos começam como uma "página em branco".

Steven Pinker, respeitado psicólogo cognitivo, escreveu diversos livros populares sobre o tema. Ele também contesta o conceito de página em branco.[186] De acordo com essa ideia, com frequência atribuída a John Locke, os seres humanos nascem em branco e são depois preenchidos pela experiência. Mas Locke não descartava a capacidade humana inata. Ele argumentava contra a teoria das ideias inatas de Descartes, segundo a qual existem verdades universais que nascem conosco e são compartilhadas com todas as pessoas. Quaisquer que sejam suas falhas, em *Ensaio acerca do entendimento humano* Locke delineia uma visão de vida interativa, progressiva: é preciso experimentar o vermelho para saber o que é o vermelho. Na verdade, seria dificílimo encontrar um defensor são do determinismo biológico absoluto. Nem o construcionista mais extremado nega os genes. Mesmo quem sustenta que a personalidade — ou o "sujeito" — não passa de uma ficção baseada na linguagem, uma elaboração constantemente refeita nos termos da ideologia dominante de um período histórico determinado, não acredita que falta aos seres humanos a capacidade inerente da fala. Para ir direto ao ponto: o que está em jogo aqui é a ênfase — os genes prevalecem sobre a experiência, ou a experiência prevalece sobre os genes.

Gazzaniga, Pinker e muitos outros acreditam, com boas razões, que no interior das instituições acadêmicas alguns estudiosos elevaram a maleabilidade humana a um patamar não comprovado. Mas sua confiança nas pesquisas que mostraram que os pais não influenciam os filhos é notável. Eu os orientaria a examinar as pesquisas laboratoriais acumuladas sobre mamíferos segundo as quais a carga genética é modificada por fatores ambientais, entre eles os cuidados maternos.[187] Ideias rapidamente se tornam crenças, e as crenças logo viram projéteis nas guerras ideológicas. O que somos e do que somos *feitos* sem dúvida é um dos campos de batalha dessas guerras. Os rígidos e os suaves disparam sua artilharia uns contra os outros. Perto do final de uma apresentação em PowerPoint em uma conferência sobre o cérebro a que compareci em fevereiro de 2009, o neurocientista Hans Breiter, de Harvard, projetou a seguinte imagem na tela: um retângulo azul enorme. Dentro dele havia um pequeno quadrado vermelho. "Isso é o que sabemos a respeito do cérebro", disse ele, em referência não ao imenso azul, e sim ao minúsculo vermelho. O que conhecemos serve muitas vezes como desculpa para extrapolações infindáveis, e meu palpite é de que na maior parte do tempo a humildade intelectual leva mais longe do que a arrogância.

No budismo, o eu é ilusório. Não há personalidade. Alguns cientistas cognitivos concordam com essa formulação. Outros não. O modelo do eu, para Freud, era dinâmico, complexo, dividido em três e provisório. Ele acreditava que a ciência levaria adiante suas ideias, e isso aconteceu, embora por caminhos às vezes conflitantes. Na teoria psicanalítica das relações entre objetos, o eu também é plural. As imagens de outros importantes habitam em nós para sempre. D. W. Winnicott ventilou mais do que Freud o ambiente psíquico, cujo modelo de estrutura mental é mais restrito, mais propenso a lidar com fantasias e identificações do que com outras pessoas reais e experiências concretas. Winnicott acreditava que todos nós temos um eu verdadeiro, mas também eus falsos. Nossas personalidades sociais têm necessariamente aspectos falsos — o sorriso polido, ou a resposta "Tudo bem" à pergunta "Como vai?".[188] Eu não sei o que é o eu. Defini-lo, seja o que for, é um problema semântico, uma questão de limites e percepções, bem como de qualquer verdade psicobiológica que formos capazes de descobrir.

Sinto que tenho um eu — mas, por quê? Ele é tudo o que vive dentro dos limites do meu corpo? Absolutamente não. Quando tremo, não me sinto como *eu mesma*. Eis o problema. Quando ela chega, a personalidade? Não me lembro, mas sei que o segredo faz parte do negócio. Houve um tempo em que acreditei que minha mãe era capaz de olhar nos meus olhos e ver a culpa. Em *Pelos olhos de Maisie*, Henry James identifica um novo sentido que se alvoroça na pequena heroína: "As bonecas rígidas nas prateleiras começaram a mexer as pernas e os braços; velhas formas e frases começaram a fazer um sentido que a amedrontava. Surgia nela um novo sentimento, o do perigo; para ele, apareceu um novo remédio, a ideia de uma personalidade própria, ou, em outras palavras, de ocultamento".[189]

Maisie descobre aquele lugar para onde nos retiramos, o recanto no qual nos escondemos, o refúgio que buscamos quando sentimos medo, o santuário escuro que possibilita a mentira, além dos devaneios, sonhos, pensamentos ruins e intensos diálogos internos. Este não é o cerne do eu biológico. Ele surge em algum momento esquecido da infância. Os outros animais não o possuem; exige o conhecimento de uma realidade dual, em que o conteúdo verbal ou emocional de um eu interior não precisa se mostrar externamente. Em outras palavras, é preciso estar consciente do que se esconde, para poder esconder. Crianças pequenas costumam pensar em voz alta. Aos três anos, minha filha tagarelava, ao brincar: "O porquinho vai para a cama sozinho. Nossa, ele caiu da caminha! Vai logo, pode levantar. Não precisa chorar, porquinho!". Algum tempo depois Sophie parou de falar: ela passava horas brincando em silêncio, entretida, mas sem dizer nada. Seu narrador fora interiorizado. Seria o momento da virada? A arena interna do pensamento e representação, que muitos identificam com a personalidade? Uma versão do *Cogito, ergo sum* [Sinto, logo existo] de Descartes?

Em *The principles of psychology*, William James, irmão mais velho de Henry James, apresenta uma noção ampliada da personalidade ou das personalidades: ela se inicia com o corpo, a personalidade material, um *Mim*, depois evolui para incluir um eu maior, o *Meu*, que engloba as roupas, a família, a casa, o patrimônio, os sucessos e fracassos. James ressalta que certas partes do corpo são mais íntimas do que outras, que grande parte da noção de si — a que ele chama de "Eu dos Eus" — ocorre "entre a cabeça e a garganta",[190] ou do pescoço para cima, e não para baixo. Levando em conta esse eu flutuante, James traça uma distinção entre a pessoa solidária e a egoísta. Usando o estoicismo como exemplo de egoísmo, ele argumenta: "Todas as pessoas limitadas se encastelam em seu *Me*, elas o retiram — da região das coisas cuja posse elas não podem garantir".[191] Tipos solidários, por sua vez, "adotam o caminho inteiramente oposto da expansão e inclusão. O limite exterior de sua personalidade pode ser indefinido, e portanto espalhar seu conteúdo a redime".[192] O conceito de eu de James é elástico — encolhe ou se expande conforme a personalidade e conforme o momento na vida de uma única pessoa. Talvez pelo fato de o limite de minha personalidade ser um tanto vago eu tenda à solidariedade, por isso gosto da ideia de que apreendemos o mundo mas também nos movemos em sua direção, e esse movimento faz parte de uma sensação do meu *eu* que inclui outros. Não vivo trancada na cela de meus pensamentos privados, ocultos, e, mesmo quando isso ocorre, grande parte do meu mundo se fecha comigo — multidões tagarelas.

Não podemos desvendar um "universo congelado de objetos independentes do olhar e do pensamento", mas existe um mundo intersubjetivo de linguagens compartilhadas, imagens, raciocínio e outras pessoas, e de fato acredito que uma abertura maior ou menor a essas palavras, imagens e pessoas seja possível. Alguns possuem personalidades rígidas, pequenas, restritas. Outros são mais abertos. Alguns são tão abertos que se afogam no outro, como os pacientes psiquiátricos que confundem "eu" e "você". De todo modo, há momentos em que me perco no "você". Há também momentos em que olho para uma coisa com tanta intensidade que desapareço. O narrador interno tira licença, me abandona por um tempo. Ações e palavras confundem continuamente o narrador, não só na forma de mãos estranhas que se movem a esmo, *flashbacks*, ataques e alucinações visuais ou auditivas, como também em situações bem mais corriqueiras. Meus dedos se movem na direção da bomboneira antes mesmo que eu *saiba* o que estou fazendo, um fragmento de sentença ou melodia surge subitamente em minha cabeça, sem solicitação. Quantas vezes encontrei uma pessoa e percebi no ato que havia algo errado? Não captei isso por meio da comunicação verbal. Antes de ser capaz de articular o problema, eu o sinto. Mais tarde, posso especular que talvez tenha notado certa tensão no corpo da pessoa, que foi registrada pelo meu, ou a vi olhar para o lado e esse olhar reverberou em meu peito ou foi registrado como um aperto nos meus olhos, ou como um recuo do corpo. Sinestesia por reflexo ou não, sem dúvida não estou sozinha. Reagimos ao que está além dos nossos corpos com uma sensação anterior à reflexão, com uma percepção do sentido embutido. Esse sentimento é consciente, mas não autoconsciente, do tipo "protagonista de minha própria vida". Não me vejo tendo esse sentimento.

As fronteiras do eu consciente variam. Questão de propriedade, de mim, de meu. Uma paciente na ala neurológica com danos no hemisfério direito negligencia o braço esquerdo paralítico por uma semana e insiste em que ele pertence ao médico. Este pode lhe dizer que ela está enganada, que o braço é dela, mas a paciente não acreditará. Com o passar do tempo, porém, entenderá que o membro lhe pertence. Será capaz de recuperá-lo como seu, embora um lado oculto sempre tenha sabido disso, porém não poderá movimentar o braço. O que mudou? A verdade da paralisia de repente chegou à consciência? Ela poderia dizer: "Agora lembro que meu braço é inútil"? Um dia, após oito longos anos, Justine Etchevery foi capaz de recuperar o uso dos braços e das pernas. Ela queria andar, e conseguiu. Ela recobrou o senso dos movimentos voluntários: "Eu posso andar." O que realizou o milagre? Uma noção inconsciente de sua paralisia se dissolveu de repente, algo que se pode ver agora num exame, como assimetria extinta do cérebro? O veterano da Primeira Guerra Mundial não consegue falar nem ouvir, até que um dia seu corpo sofre espasmos, a voz e a audição voltam. Ele é capaz de dizer: "Eu ouço, eu falo". Não sei se ele consegue lembrar e contar a história do que lhe aconteceu na trincheira. Mas sei que contar não basta. O significado do evento precisa ser sentido e reconhecido como dele, ou não fará sentido. Anna Freud foi a primeira a usar a palavra "intelectualizar" para descrever o ato de pessoas que usam conceitos verbais como forma de defesa. Um paciente fala a respeito da morte da mãe no relato clínico de sua depressão e conta, sem sentimento ou pesar, em tom calmo e neutro, e o que deveria estar carregado de emoção se distanciou. Ele também tem *la belle indifférence*. A perda avassaladora é mantida a distância; seu significado, por ser terrível, não é reconhecido. Depois, com o tratamento psicoterápico, com suas idas e vindas, durante o qual ele reflete e é refletido sobre si, pelos olhos do analista, a mudança é percebida, uma nova configuração do consciente que inclui os atos de conhecer e sentir. Ele reconta a história, e no processo, que também é uma reinvenção, sente as correntes e ritmos subjacentes de seu corpo vivo. Faz da perda insuportável um ato da memória criativa; ela se torna parte de sua personalidade narrativa. Isso é acompanhado de mudanças neurais correspondentes, no cérebro, nos sistemas límbicos emocionais e nas áreas executivas pré-frontais. Há momentos em que todos nós resistimos em reclamar o que deveria nos pertencer; é alheio, e não queremos incluir isso nas histórias que montamos a nosso respeito.

Uma personalidade, um eu, é claramente muito maior do que o narrador interno. Em torno e debaixo da ilha do narrador consciente existe um vasto oceano de inconsciência, de coisas que não sabemos, jamais saberemos ou que foram esquecidas. Muitas coisas não conseguimos controlar ou dominar em nosso ser, mas isso não quer dizer que fazer a narrativa para nós mesmos não seja importante. Na linguagem representamos a passagem do tempo como a sentimos — o que *foi*, o que *é* e o que *será*. Abstraímos, pensamos, relatamos. Organizamos nossas lembranças e as ligamos, os fragmentos disparatados ganham um dono: o "eu" da autobiografia, que não é ninguém sem o "você". Para quem narramos, afinal? Mesmo quando estamos sozinhos com nossas cabeças, existe um outro presumido, uma segunda pessoa em nosso discurso. Pode uma história ser verdadeira? Sempre haverá lacunas, brechas em nossa compreensão, desarticuladas, que saltamos com um "e" ou "então" ou "depois". Este é o caminho da coerência.

A coerência, contudo, não consegue eliminar a ambiguidade. Esta não é uma coisa nem outra. Não se encaixa no molde, na caixa, na moldura, na enciclopédia. Um objeto ou sentimento disforme, que não pode ser catalogado. A ambiguidade pergunta: "Onde está o limite entre isso e aquilo?". Ela não obedece à lógica. O lógico diz: "Tolerar a contradição significa ser indiferente à verdade". Esses filósofos específicos gostam de brincar de verdadeiro e falso. É um ou outro, nunca os dois juntos. Mas a ambiguidade é, por definição, contraditória e insolúvel, uma verdade desconcertante de névoas e neblinas e figuras, fantasmas, memórias e sonhos irreconhecíveis, que não podem ser classificados ou retidos na mão, pois ela está sempre voando, e não sei dizer o que é, nem se é alguma coisa. Eu a persigo com palavras, mesmo que não possa ser capturada, e de vez em quando imagino que dela me aproximo. Em maio de 2006 eu comecei a falar sobre meu pai sob um céu azul sem nuvens, ele havia morrido dois anos antes. Assim que abri a boca, uma tremedeira violenta tomou conta de mim. Tremi naquele dia, tremi de novo em outros momentos. Eu sou a mulher trêmula.

Notas

1. Owsei Temkin, *The falling sickness: a history of epilepsy from the Greeks to the beginnings of modern neurology*. 2. ed. Baltimore: Johns Hopkins Press, 1971, p. 36.

2. Frances Hill, *The Salem witch trials reader*. Nova York: Da Capo Press, 2000, p. 59.

3. Temkin, *Falling sickness*, p. 194.

4. Ibid., p. 225.

5. *Diagnostic and it statistical manual of mental disorders*. 4. ed. Arlington, VA: American Psychiatric Association, 2000, 492-98. [Edição brasileira: *Manual diagnóstico e estatístico de transtornos mentais*. 4. ed. São Paulo: Artmed, 2002. Abreviado para *DSM-IV*.]

6. Ibid., p. 493.

7. Carl W. Basil, *Living well with epilepsy and other seizure disorders*. Nova York: Harper Resource, 2004, p. 73.

8. J. Lindsay Allet e Rachel E. Allet, "Somatoform disorders in neurological practice", *Current Opinion in Psychiatry* 19 (2006): 413-20.

9. "Introduction", *DSM-IV*, xxx.

10. Peter Rudnytsky, *Reading psychoanalysis: Freud, Rank, Ferenczi, Groddeck*. Ithaca: Cornell University Press, 2002, p. 90.

11. Robert J. Campbell, *Campbell's psychiatric dictionary*. 8. ed. Oxford: Oxford University Press, 2004, p. 189.

12. Sigmund Freud e Josef Breuer, *Studies on hysteria*. Trad. James Strachey. (Nova York: Basic Books, 1957, p. 86. [Edição brasileira: *Estudos sobre a histeria*. Rio de Janeiro: Imago, 2006.]

13. Sigmund Freud, *On aphasia: a critical study*. Trad. E. Stengel. Nova York: International Universities Press, 1953, p. 55. [Edição brasileira: *A interpretação das afasias: um estudo crítico*. São Paulo: Edições 70, 2003.]

14. George Makari, *Revolution in mind: the creation of psychoanalysis*. Nova York: HarperCollins, 2008, p. 70.

15. Freud e Breuer, *Studies on hysteria*, pp. 160-61.

16. Christopher G. Goetz, Michel Bonduelle e Toby Gelfand, *Charcot: constructing neurology*. Oxford: Oxford University Press, 1995, pp. 172-213.

17. Pierre Janet, *The major symptoms of hysteria: fifteen lectures given in the medical school of Harvard University*. Londres: Macmillan, 1907, p. 324.

18. Ibid., p. 332.

19. Ibid., pp. 325-26.

20. Ibid., p. 42.

21. Ibid., p. 38.

22. Eugene C. Toy e Debra Klamen, *Case files: psychiatry*. Nova York: McGraw-Hill, 2004, p. 401.

23. Todd Feinberg, *Altered egos: how the brain creates the self*. Oxford: Oxford University Press, 2001, p. 28.

24. Rita Charon, *Narrative medicine: honoring the stories of illness*. Oxford: Oxford University Press, 2006, p. 9.

25. J.-K. Zubieta et al., "Placebo effects mediated by endogenous opioid activity on μ-opioid receptors", *Journal of Neuroscience* 25 (2005): 7754-62.

26. Erika Kinetz, "Is hysteria real? Brain images say yes", *New York Times*, 26 set. 2006.

27. Sean A. Spence, "All in the mind? The neural correlates of unexplained physical symptoms", *Advances in Psychiatric Treatment* 12 (2006): 357.

28. Goetz, Bonduelle e Gelfand, *Charcot*, p. 192.

29. P. Vuilleumier et al., "Functional neuroanatomical correlates of hysterical sensorimotor loss", *Brain* 124, n. 6 (jun. 2001): 1077.

30. Citado em Goetz, Bonduelle e Gelfand, *Charcot*, p. 187.

31. Freud e Breuer, *Studies on hysteria*, p. 7.

32. Bertram G. Katzung (org.), *Basic and clinical pharmacology*. 9. ed. Nova York: Lange Medical Books/McGraw-Hill, 2004, p. 156.

33. James L. McGaugh, *Memory and emotion: the making of lasting memories*. Nova York: Columbia University Press, 2003, p. 93.

34. Ibid., p. 107.

35. Citado por Daniel Brown, Alan W. Scheflin e D. Corydon Hammond, *Memory, trauma, treatment and the law*. Nova York: Norton, 1998, p. 95.

36. Françoise Davoine e Jean-Max Gaudillière, *History beyond trauma*. Trad. Susan Fairfield. Nova York: Other Press, 2004, p. 179.

37. Onno van der Hart, Ellert R. S. Nijenhuis e Kathy Steele, *The haunted self: structural dissociation and the treatment of chronic trauma*. Nova York: Norton, 2006.

38. Ian Hacking, *Rewriting the soul: multiple personality and the sciences of memory*. Princeton, NJ: Princeton University Press, 1995, p. 21.

39. Janet, *Major symptoms*, p. 131.

40. Ibid., p. 172.

41. *Three short novels of Dostoyevsky*. Trad. Constance Garnett, org. Avrahm Yarmolinsky. Nova York: Doubleday, 1960, p. 15.

42. Hans Christian Andersen, "The shadow", em *Fairy tales*, vol. 2. Trad. R. P. Keigwin. Odense, Dinamarca: Hans Reitzels Forlag, 1985, p. 188.

43. Klaus Podoll e Markus Dahlem. Disponível em: <http://www.migraine-aura.org>. Ver também P. Brugger, M. Regard e T. Landis, "Illu-

sory replication of one's own body: phenomenology and classification of autoscopic phenomena", *Cognitive Neuropsychiatry* 2, n. 1 (1997): 19-38.

44. Todd Feinberg e Raymond M. Shapiro, "Misidentification-reduplication and the right hemisphere", *Neuropsychiatry, Neuropsychology and Behavioral Neurology* (2, n. 1): 39-48.

45. Feinberg, *Altered egos*, pp. 74-75.

46. Jacques Lacan, "The mirror stage as formative of the I function". In: *Écrits*. Trad. Bruce Fink. Nova York: Norton, 2006, pp. 75-81.

47. Maurice Merleau-Ponty, "The child's relation to others". In: *The primacy of perception*. Trad. William Cobb. Chicago: Northwestern University Press 1964, p. 117.

48. Shaun Gallagher, *How the body shapes the mind*. Oxford: Clarendon Press, 2005, p. 26.

49. Roger W. Sperry, "Some effects of disconnecting the cerebral hemispheres", *Bioscience Reports* 2, n. 5 (maio 1982), 267.

50. Dahlia W. Zaidel, "A view of the world from a split-brain perspective". Disponível em: <http://cogprints.org/920/0/critchelyf.pdf>.

51. Citado por Feinberg, *Altered egos*, p. 94.

52. Mark Solms e Oliver Turnbull, *The brain and the inner world*. Nova York: Other Press, 2002, p. 32.

53. M. S. Gazzaniga, J. E. LeDoux e D. H. Wilson, "Language, praxis, and the right hemisphere: clues to some mechanisms of consciousness", *Neurology* 27 (1977): 1144-47.

54. A. R. Luria e F. I. Yudovich, *Speech and the development of mental processes in the child*. Harmondsworth, UK: Penguin, 1971.

55. Davoine e Gaudillière, p. 115.

56. A. R. Luria, *Higher cortical functions in man*. Trad. Basil Haigh. 2. ed. Nova York: Basic Books, 1962, p. 32.

57. Sigmund Freud, *Beyond the pleasure principle*. Trad. James Strachey. Nova York: Norton, 1961, p. 9. [Edição brasileira: *Além do princípio do prazer*. Rio de Janeiro: Imago, 2006.]

58. Freud e Breuer, *Studies on hysteria*, p. 49.

59. Ibid., p. 44.

60. Sigmund Freud, *The Ego and the Id*. Trad. James Strachey (1923; repr., Nova York: Norton, 1960, pp. 32-33. [Edição brasileira: *O Ego e o Id e outros trabalhos*. Rio de Janeiro: Imago, 2006.]

61. Charles Dickens, *David Copperfield* (1850; repr., Oxford: Oxford University Press, 2000, p. 1. [Edição brasileira: *David Copperfield*. São Paulo: Hemus, 2005.]

62. Joe Brainard, *I remember*. Nova York: Penguin, 1975, p. 28. Joe Brainard é mais conhecido como artista plástico. Participou do grupo de escritores e pintores denominado Escola de Nova York, que incluía John Ashbery, Fairfield Porter, Alex Katz, Kenward Elmslie, Frank O'Hara, James Schuyler, Kenneth Koch e Rudy Burkhardt. Sua obra está exposta no Museu de Arte Moderna e no Museu Whitney. Morreu em 1994. *I remember* inspirou o escritor Georges Perec a criar sua própria versão desta máquina geradora de memórias: *Je me souviens*.

63. Faraneh Vargha-Khadem, Elizabeth Isaacs e Mortimer Mishkin, "Agnosia, alexia and a remarkable form of amnesia in an adolescent boy". *Brain* 117, n. 4 (1994), 683-703.

64. Ibid., p. 698.

65. Charles D. Fox, *Psychopathology of hysteria*. Boston: Gorham Press, 1913, p. 58.

66. A. R. Luria, *The man with a shattered world*. Trad. Lynn Solotaroff. Cambridge, MA: Harvard University Press, 1972, p. 92. [Edição brasileira: *O homem com o mundo estilhaçado*. Rio de Janeiro: Vozes, 2008.]

67. Citado por Elaine Showalter, *Hystories: hysterical epidemics and modern culture*. Londres: Picador, 1998, p. 34.

68. Georges Didi-Huberman, *Invention of hysteria: Charcot and the photographic iconography of the Salpêtrière*. Trad. Alisa Hartz. Cambridge, MA: MIT Press, 2003.

69. Alan B. Ettinger e Andres M. Kanner, *Psychiatric issues in epilepsy: a practical guide to diagnosis and treatment*. 2. ed. Filadélfia: Lippincott, Williams & Wilkins, 2007, pp. 471-72.

70. *DSM-IV*, p. 494.

71. Ibid., p. 496.

72. A experiência de soldados com transtorno de conversão pode lançar luz sobre uma das razões pelas quais as mulheres são mais vulneráveis à histeria do que homens fora de situação de combate. Se a impotência e a sensação de não desempenhar um papel ativo em seu destino estiverem ligadas à doença, então faz sentido dizer que as mulheres, cuja autonomia historicamente foi bem menor que a dos homens, sejam mais atingidas. Da mesma forma, em muitos livros de referência, inclusive o *DSM*, repete-se a especulação de que a histeria é mais comum em pessoas sem instrução, membros de sociedades menos desenvolvidas; esse parece outro jeito de dizer que aqueles cuja vontade é minada por forças que não podem controlar são mais propensos a sucumbir à conversão.

73. C. S. Myers, *Shellshock in France 1914-18*. Cambridge: Cambridge University Press, 1940, pp. 42-43.

74. Edwin A. Weinstein, "Conversion disorders". Disponível em: <http://www.bordeninstitute.army.mil/published_volumes/wacpsychiatry/WarPsychChapterI5.pdf, 385>.

75. R. J. Heruti et al., "Conversion motor paralysis disorder: analysis of 34 consecutive referrals", *Spinal Cord* 40, n. 7 (jul. 2002): 335-10.

76. *DSM-IV*, p. 467.

77. Trevor, H. Hurwitz e Yarns W. Pritchard, "Conversion disorder and FMRI", *Neurology* 67 (2006): 1914-15.

78. Goetz, Bonduelle e Gelfand, *Charcot*, pp. 178-79.

79. K. M. Yazici e L. Kostakoglu, "Cerebral blood flow changes in patients with conversion disorder", *Psychiatry Research: Neuroimaging* 83, nº 3 (1998), 166.

80. Vuilleumier et al., "Functional neuroanatomical correlates", p. 1082.

81. D. W. Winnicott, *Home is where we start from: essays by a psychoanalyst*. Nova York: Norton, 1986, p. 32. [Edição brasileira: *Tudo começa em casa*. São Paulo: WMF Martins Fontes, 2005.]

82. Vuilleumier et al., "Functional neuroanatomical correlates", p. 1082.

83. Gallagher, *How the body shapes the mind*, p. 41.

84. Karen Kaplan-Solms e Mark Solms, *Clinical studies in neuro-psychoanalysis: introduction to a depth neuropsychology*. Nova York: Karnac, 2002, pp. 151-52. [Edição brasileira: *Estudos clínicos em neuropsicanálise*. São Paulo: Lemos, 2005.]

85. Ibid., pp. 190-91.

86. Ibid., p. 177.

87. Benjamin Libet, "Do we have free will?" *Journal of Consciousness Studies* 6, n. 8-9 (1999): 47-57.

88. Julian Offray de La Mettrie, *Machine man and other writings*. Trad. e org. Ann Thompson. Cambridge: Cambridge University Press, 1996.

89. Jaak Panksepp, *Affective neuroscience: the foundations of human and animal emotions*. Oxford: Oxford University Press, 1998, p. 52.

90. Antonio Damasio, *Descartes' error: emotion, reason and the human brain*. Nova York: HarperCollins, 2000, pp. 3-79. [Edição brasileira: *O erro de Descartes*. São Paulo: Companhia das Letras, 1996.]

91. William James, *The will to believe and other essays in popular philosophy* (1897; repr., Nova York: Barnes and Noble Books, 2005, p. 92.

92. Edmund Husserl, *Ideas pertaining to a pure phenomenology and to a phenomenological philosophy, second book*. Trad. R. Rojcewicz e A. Schuwer. Dordrecht: Kluwer, 1989, pp. 19-20. Simplifiquei Husserl. Todos nós temos tanto *Körper*, um senso de nosso ser material, como *Leib*, a consciência interior da vida, mas essa distinção basta para meus objetivos neste livro. Parece claro, contudo, que na doença o corpo se aproxima da condição de coisa. Sua realidade não só como *Leib*, mas também como *Körper*, se faz presente.

93. D. W. Winnicott, "Mirror-role of mother and family in child development". In: *Playing and reality*. Londres: Routledge, 1989, p. 111. [Edição brasileira: *O brincar e a realidade*. Rio de Janeiro: Imago, 1975.]

94. Ibid., p. 112.

95. Ibid., p. 114.

96. Citado em Allan Schore, *Affect regulation and the origin of the self: the neurobiology of emotional development*. Hillsdale, NJ: Lawrence Erlbaum, 1994, p. 76.

97. Ibid., p. 91.

98. Gallagher, *How the body shapes the mind*, p. 73. Gallagher sofre forte influência de Merleau-Ponty, por sua vez influenciado por Husserl, que argumenta termos um senso subjetivo consciente de nossa liberdade de movimentos, mas que "as aparências que chegam já estão precon-figuradas. As aparências formam sistemas dependentes. Só como dependentes de cinestesia elas podem passar de uma a outra e constituir uma unidade de sentido único". O consciente se liga a uma inconsciência cinética/motora corporal. Ver "Horizons and the genesis of perception". In: *The essential Husserl: basic writings in transcendental phenomenology.* Org. Donn Welton Bloomington: Indiana University Press, 1999, pp. 227-28.

99. V. Gallese, L. Fadiga, L. Fogassi e G. Rizzolatti, "Action recognition in the premotor cortex", *Brain* 119 (1996): 593-609. A pesquisa atual de Gallese sobre a neurobiologia da intersubjetividade é interdisciplinar: envolve tanto a psicologia e a filosofia como a ciência. Para uma discussão esclarecedora a respeito de sua posição de que a intersubjetividade é antes de tudo uma realidade corporal pré-racional, também chamada de intercorporeidade, ver Vittorio Gallese, "The two sides of mimesis: Girard's mimetic theory, embodied simulation and social identification", *Journal of Consciousness Studies* 16, n. 4 (2009), 21-44.

100. G. W. F. Hegel, *The phenomenology of mind*. Trad. J. B. Baillie. 2. ed. Londres: Allen and Unwin, 1949, p. 232.

101. Merleau-Ponty, "Child's relation to others", p. 151.

102. Margarite Sechehaye, *Autobiography of a schizophrenic girl: the true story of Renee*. Trad. Grace Rubin-Rabson. Nova York: Penguin, 1994, pp. 52-53.

103. Citado em J. Laplanche e J. B. Pontalis, *The language of psychoanalysis*. Trad. Donald Nicholson-Smith. Nova York: Norton, 1973, p. 199.

104. Liev Tolstói, "The death of Iván Ilých", In: *Great short works of Leo Tolstoy*. Trad. Louise Maude e Aylmer Maude. Nova York: Harper & Row, 1967, p. 280. [Edição brasileira: *A morte de Ivan Ilitch*. São Paulo: Editora 34, 2006.]

105. Ibid., p. 82.

106. Alberto Magno, "Commentary on Aristotle", "On memory and recollection". In: *The medieval craft of memory: an anthology of texts and pictures*. Org. Mary Carruthers e Jan M. Ziolkowski. Filadélfia: University of Pennsylvania Press, 2002, pp. 153-88.

107. A. R. Luria. *The mind of a mnemonist*: a *little book about a vast memory*. Trad. Lynn Solotaroff. Cambridge, MA: Harvard University Press, 1987, p. 32.

108. Citado em Patricia Lynne Duffy, *Blue cats and Chartreuse kittens: how synesthetes color their world*. Nova York: Henry Holt, 2001, p. 22.

109. Arthur Rimbaud, *Complete works*. Trad. Paul Schmidt. Nova York: Harper & Row, 1967, p. 123. [Edição brasileira: *Poesia completa*. Rio de Janeiro: TopBooks, 2007.]

110. A. R. Luria, *Mind of a mnemonist*, p. 31.

111. Jorge Luis Borges, "Funes the memorious". In: *Labyrinths: selected stories and other writings*. Nova York: New Directions, 1964, pp. 65-67.

112. A. R. Luria, *Mind of a mnemonist*, p. 154.

113. Ibid., p. 155.

114. Freud usou *Nachträglichkeit* ("ação diferida ou a posteriori"), em seus textos, a partir de 1896, numa carta ao amigo Fliess. Para um relato claro sobre esse termo complexo, e a razão para "ação diferida" não ser talvez a melhor tradução, ver Laplace e Pontalis, *Language of psychoanalysis*, pp. 111-14.

115. Joseph LeDoux, *Synaptic self how our brains become who we are*. Nova York: Penguin, 2002, p. 124.

116. Demis Hassabis, Dharshan Kumaran, Seralynne D. Vann e Eleanor Maguire, "Patients with hippocampal amnesia cannot imagine new experiences", *Proceedings of the National Academy of Sciences* 104 (2007): 1726-31.

117. LeDoux, *Synaptic self*, p. 217.

118. Francis Crick, *The astonishing hypothesis: the scientific search for the soul*. Nova York: Simon & Schuster, 1995, p. 3. [Edição portuguesa: *A hipótese espantosa — a busca científica pela alma*. Lisboa: Instituto Piaget, 1998.]

119. LeDoux, *Synaptic self*, p. 94.

120. S. J. Blakemore, D. Bristow, G. Bird, C. Frith, e J. Ward, "Somatosensory activations following the observation of touch and a case of vision touch synesthesia", *Brain* 128 (2005): 1571-83; e Michael J. Banissy e Jamie Ward, "Mirror touch synesthesia is linked to empathy", *Nature Neuroscience* 10 (2007), 815-16.

121. A. R. Luria, *Mind of a mnemonist*, p. 82.

122. Duffy, *Blue cats*, p. 33.

123. Ver Peter Brugger, "Reflective mirrors: perspective-taking in autoscopic phenomenon", *Cognitive Neuropsychiatry* 7 (2002): 188.

124. K. Hitomi, "'Transitional subject' in two cases of psychotherapy of schizophrenia", *Schweizer Archiv für Neurologie und Psychiatrie* 153, n. 1 (2002), 39-41.

125. Ibid., p. 40.

126. Winnicott, *Playing and reality*, p. 2.

127. Freud, *Mourning and melancholia*. Standard Edition, vol. 14. Trad. James Strachey. Londres: Hogarth Press, 1957.

128. Ao ler o original deste livro, uma amiga que também é psicanalista ressaltou que "sentir um aperto no peito" significa tristeza.

129. Theodore Roethke, "Silence". In: *Collected poems*. Nova York: Doubleday, 1966.

130. Sigmund Freud, *The interpretation of dreams*. Standard Edition, vol. 4. Trad. James Strachey. Londres: Hogarth Press, 1953, 1971, p. 279.

131. Citado por Mark Solms, "Dreaming and REM sleep are controlled by different brain mechanisms". In: *Sleep and dreaming: scientific advances and reconsiderations*. Cambridge: Cambridge University Press, 2003, p. 52.

132. J. Allan Hobson, *Dreaming: an introduction to the science of sleep*. Oxford: Oxford University Press, 2002, pp. 155-56.

133. Antti Revonsuo, "The reinterpretation of dreams: an evolutionary hypothesis of the function of dreaming". In: *Sleep and dreaming*, p. 89.

134. Ibid., p. 94.

135. Solms, *Sleep and dreaming*, p. 56.

136. *Dream debate: Hobson vs. Solms-Should Freud's dream theory be abandoned?*, DVD, NetiNeti Media, 2006. Para outra visão, discordante tanto de Hobson como de Solms, ver G. W. Domhoff, "Refocusing the neurocognitive approach to dreams: a critique of the Hobson *versus* Solms debate", *Dreaming* 15 (2005): 3-20.

137. William James, *Pragmatism*. In: *Writings 1902-1910*. Nova York: Library of America, 1987, p. 491. [Edição brasileira: *Pragmatismo*. São Paulo: Martin Claret, 2006. Coleção Obra-prima de cada autor.]

138. Para uma breve discussão da cor como fenômeno pré-reflexivo, ver Kym Maclaren, "Embodied perceptions of others as a condition of selfhood", *Journal of Consciousness Studies* 15, n. 8 (2008), 75.

139. A história de Mary foi contada e recontada em diferentes jornais, estudos, livros e conferências. Para argumentos contra a história de Mary como prova de *qualia*, ver Daniel Dennett, *Consciousness explained*. Boston: Little, Brown, 1991, pp. 398-401.

140. A entrevista com Ned Block está em *Conversations on consciousness*, de Susan Blakemore. Oxford: Oxford University Press, 2005, pp. 24-35.

141. O estudo de Peter Carruthers, publicado no *Journal of Philosophy*, me foi enviado pelo filósofo "solidário" Ned Block, depois que compareci à conferência proferida por ele sobre as teorias da consciência, em fevereiro de 2009, no Instituto Psicanalítico, na cidade de Nova York. "Brute experience", *Journal of Philosophy* 86 (1989), 258-69.

142. Ludwig Wittgenstein, *Tractatus logico-philosophicus*. Trad. D. F. Pears e B. F. McGuinness. Londres: Routledge & Kegan Paul, 1963, p. 151. [Edição brasileira: *Tractatus logico-philosophicus*. São Paulo: Edusp, 2001.]

143. Simone de Beauvoir, *Philosophical writings*. Org. Margaret A. Simons. Urbana: University of Illinois Press, 2004, p. 159.

144. Para uma introdução útil da visão de Patricia Churchland sobre a mente, bem como de outros proeminentes neurocientistas e filósofos, ver Blakemore, *Conversations on consciousness*.

145. Francisco J. Varela, Evan Thompson e Eleanor Rosch, *The embodied mind: cognitive science and the human experience*. Cambridge, MA: MIT Press, 1993.

146. O físico Erwin Schrodinger oferece uma visão da consciência que se baseia nos Upanixades e em Schopenhauer, num livro pequeno, mas brilhante, publicado após sua morte. Erwin Schrodinger, *My view of the world*. Trad. Cecily Hastings. Woodbridge, Conn: Ox Bow Press, 1983. Na página 88 ele nos informa as cores que associa a vogais, escrevendo a respeito de sua sinestesia como fenômeno comum: "Para mim, o A é marrom-clarinho, o E é branco, o I azul intenso e brilhante, o O, preto, e o U, marrom-chocolate".

147. Jan-Markus Schwindt, "Mind as hardware and matter as software", *Journal of Consciousness Studies* 15, n. 4 (2008), 22-23.

148. George Berkeley, *The principles of human knowledge*. Pt. 1, *Berkeley's philosophical writings*. Org. David M. Armstrong. Nova York: Collier, 1965, p. 63.

149. Schwindt, "Mind as hardware", p. 25.

150. Imants Baruss, "Beliefs about consciousness and reality", *Journal of Consciousness Studies* 15, n. 10-11 (2008): 287.

151. D. Berman e W. Lyons, "J. B. Watson's rejection of mental images", *Journal of Consciousness Studies* 14, n. 11 (2007), 24.

152. Steven C. Schachter, Gregory Holmes e Dorthée G. A. Kasteleijn-Nolst Trenité. *Behavioral aspects of epilepsy: principles and practice.* Nova York: Demos, 2008, p. 471.

153. Ibid., p. 472.

154. Oliver Sacks, *Migraine: understanding a common disorder* (Berkeley: University of California Press, 1985), p. 104. [Edição brasileira: *Enxaqueca.* São Paulo, Companhia das Letras, 1996.]

155. Ibid., p. 104.

156. Alan B. Ettinger e Andres M. Kanner, *Psychiatric issues in epilepsy: a practical guide to diagnosis and treatment.* 2. ed. Filadélfia: Lippincott, Williams & Wilkens, 2007, pp. 286-88.

157. Schacter, Holmes e Kasteleijn-Nolst Trenité, *Behavioral aspects of epilepsy*, p. 210.

158. Steve Connor, "'God spot' is found in brain", *Los Angeles Times*, 29 out. 1997; e "Doubt cast over Brain God Spot", na *BBC News*, 30 ago. 2006. Dois estudos sobre religião e o cérebro receberam ampla atenção da mídia. O primeiro, realizado em 1997 na Universidade da Califórnia, em San Diego (por V. S. Ramachandran et al.), pesquisou pessoas com epilepsia do lobo temporal, que admitiram ser muito religiosas, e um grupo de controle normal. Os cientistas testaram a resposta galvânica da pele e encontraram respostas emocionais intensas para palavras de cunho espiritual nos epilépticos e nos religiosos, mas não nos normais. Ramachandran especulou que o lobo temporal e a atividade límbica geram maior religiosidade. Ver V. S. Ramachandran e Sandra Blakeslee, *Phantoms in the brain: probing the mysteries of the human mind.* Nova York: William Morrow, 1997, pp. 174-98. O segundo estudo, feito no Canadá por Mario Beauregard, examinou quinze freiras carmelitas com FMRIS, sem encontrar tal localização: "As experiências místicas são me-

diadas por diversas regiões cerebrais". Os pesquisadores descobriram, contudo, que "a ativação direita medial temporal estava relacionada com uma experiência subjetiva de contato com uma realidade espiritual". M. Beauregard e V. Paquette, "Neural correlates of mystical experiences in carmelite nuns", *Neuroscience Letters* 405 (2006), 186-90. Seria justo apontar que os cientistas envolvidos são bem mais circunspectos a respeito das descobertas do que os jornalistas que as divulgam. Mesmo assim, a confusão filosófica por vezes é desenfreada. Michael A. Persinger trabalhou intensivamente no campo da experiência mística e da ativação do lobo temporal, mas ele também vincula as experiências transcendentes com a relação inicial do filho com os pais. Ver seu livro *Neuropsychological bases of God beliefs*. Nova York: Praeger Publishers, 1987.

159. Sigmund Freud, *Civilization and its discontents*. Standard Edition, vol. 21. Trad. James Strachey. Londres: Hogarth Press, 1957, p. 64. [Edição brasileira: *O mal-estar na civilização*. Rio de Janeiro: Imago, 2006.]

160. S. G. Waxman e N. Geschwind, "The interictal behavior syndrome in temporal lobe epilepsy", *Archives of General Psychiatry* 32 (1975): 1580-86.

161. Muitos livros contêm diagnósticos especulativos dos famosos. Ver J. Bogouslavsky e F. Boller (orgs.), *Neurological disorders in famous artists*, vol. 19. Lausanne: Karger, 2005; e Frank Clifford Rose (org.), *Neurology of the arts: painting, music, literature*. Londres: Imperial College Press, 2004. Para um relato popular que identifica inúmeros notáveis do passado recente e distante como epilépticos do lobo temporal, ver Eve La Plante, *Seized: temporal lobe epilepsy as a medical, historical, and artistic phenomenon*. Lincoln, NE: Authors Guild Backinprint.com, 1993.

162. Gershom Scholem, *Major trends in jewish mysticism*. Nova York: Schocken, 1961, p. 151. [Edição brasileira: *As grandes correntes da mística judaica*. São Paulo: Perspectiva, 2008]

163. William James, *Varieties of religious experience* (1902; repr., Nova York: Library of America, 1987), p. 23.

164. Fiodor Dostoiévski, *The idiot*. Trad. David Magarshack. Nova York: Penguin, 1955, pp. 258-59. [Edição brasileira: *O idiota*. São Paulo, Editora 34, 2002.]

165. Santo Agostinho, *Confessions*. Trad. Henry Chadwick. Oxford: Oxford University Press, 1988, p. 152. [Edição brasileira: *Confissões*. Rio de Janeiro: Vozes, 2009.]

166. Julian Jaynes, *The origin of consciousness in the breakdown of the bicameral mind*. Boston: Houghton Mifflin, 1976.

167. Marcel Kuijsten (org.), *Reflections on the dawn of consciousness: Julian Jaynes's bicameral mind theory revisited*. Henderson, NV: Julian Jaynes Society, 2006, pp. 119-21.

168. Schore, *Affect regulation*, p. 488.

169. Citado em Kristen I. Taylor e Marianne Regard, "Language in the right cerebral hemisphere: contributions from reading studies", *News in Physiological Sciences* 18, n. 6 (2003), 258.

170. Julia Kane, "Poetry as right-hemispheric language", *Journal of Consciousness Studies* 11, n. 5-6 (2004), 21-59.

171. Daniel Smith, *Muses, madmen and prophets: rethinking the history, science, and meaning of auditory hallucinations*. Nova York: Penguin, 2007, pp. 136-40.

172. Simone Weil, *Gravity and grace*. Trad. Arthur Wills (1952; repr., Lincoln: University of Nebraska Press, 1997), p. 51. [Edição brasileira: *A gravidade e a graça*. São Paulo: Martins Editora, 1993.]

173. Patrick Wall, *Pain: the science of suffering*. Nova York: Columbia University Press, 2000, p. 63. [Edição portuguesa: *Dor: a ciência do sofrimento*. Porto: Ambar, 1999.]

174. Ludwig Wittgenstein, *Philosophical investigations*. 2. ed. Nova York: Macmillan, 1958, p. 102e. [Edição brasileira: *Investigações filosóficas*. Rio de Janeiro: Vozes, 2005.]

175. Segundo uma fonte, foram realizados cerca de três mil estudos a respeito da eficácia relativa da psicoterapia e da medicação para casos de depressão clínica. A pesquisa pioneira, que abriu o caminho para as

investigações seguintes, foi feita pelo Programa de Pesquisa Colaborativo para Tratamento da Depressão do Instituto Nacional de Saúde Mental (Elkin et al., 1985, 1989; Weisman et al., 1986) e demonstrou que vários tipos de terapias psicológicas eram tão eficazes no tratamento da depressão quanto os medicamentos antidepressivos. Desde então muitos estudos têm chegado a essa conclusão, especialmente nos casos de depressão leve ou moderada. Em um dos casos, verificou-se considerável melhoria em pessoas que usavam medicamentos ou seguiam algum tipo de psicoterapia para a depressão; descobriu-se também que a combinação de antidepressivos com psicoterapia apresentava uma taxa inferior de tratamentos malsucedidos em relação àqueles em que se fazia uso separado de remédios ou terapia. Ainda, o índice de internações se mostrou menor, com melhoria no ajustamento dos pacientes. Burnand et al., "Psychodynamic psychotherapy and clomipramine in the treatment of major depression", *Psychiatric Services* 53, n. 5 (2002): 585-90. Para pesquisa mais recente, em que se compara o uso de medicamento e psicoterapia, ver Cuijpers et al., "Are psychological and pharmacological interventions equally effective in the treatment of adult depressive disorders? A meta-analysis of comparative studies", *Journal of Clinical Psychiatry* 69, n. 11 (2008): 1675-85. Também há um número crescente de pesquisas sobre as alterações neurobiológicas induzidas pela psicoterapia. Ver Etkin et al., "Toward a neurobiology of psychotherapy", *Journal of Neuropsychiatry and Clinical Neurosciences* 17 (2005), 145-58; bem como Henn et al., "Psychotherapy and antidepressant treatment: evidence for similar neurobiological mechanisms", *World Psychiatry* 1, n. 2 (2002).

176. Merleau-Ponty, "Child's relation to others", p. 163.

177. Mary Douglas, *Purity and danger*. Londres: Routledge & Kegan Paul, 1966, p. 95. [Edição portuguesa: *Pureza e perigo*. Lisboa: Edições 70, 1991.]

178. Ian Hacking, *The social construction of what?* Cambridge, MA: Harvard University Press, 1999, p. 123.

179. Para uma boa introdução a Habermas, ver *The philosophical discourses of modernity; twelve lectures*. Trad. Frederick G. Lawrence. Cambridge, MA: MIT Press, 1990. Habermas não acredita que possamos saltar para fora de nossa cabeça e nos tornarmos observadores objetivos do mundo. Mas ele *acredita* na razão e no discurso razoável como forma de atingir um consenso. Sua visão da ciência e da tecnologia é complexa. Segundo seu argumento, os seres humanos podem aplicar aquilo a que ele chama de "interesse técnico cognitivo", ou seja, regras técnicas de compreensão, que por meio de seu uso estendem o controle humano sobre a natureza. Ver Jürgen Habermas, *Theory and practice*. Trad. John Viertel. Boston: Beacon Press, 1973, pp. 42-69.

180. G. Alacón et al., "Is it worth pursuing surgery for epilepsy in patients with normal neuroimaging?", *Journal of Neurology, Neurosurgery, and Psychiatry* 77(2006), 474-80.

181. Oliver Sacks, "Witty Ticcy Ray", *The man who mistook his wife for a hat*. Nova York: Summit Books, 1995, pp. 92-101. [Edição brasileira: *O homem que confundiu sua mulher com um chapéu*. São Paulo: Companhia das Letras, 1997.]

182. Alice W. Flaherty, *The midnight disease: the drive to write, writer's block and the creative brain*. Boston: Houghton Mifflin, 2004, p. 234.

183. Panksepp, *Affective neuroscience*, pp. 311-13.

184. Antonio Damasio, *The feeling of what happens: body and emotion in the making of consciousness*. San Diego: Harvest Harcourt, 1999, pp. 134-43.

185. Michael S. Gazzaniga, *Nature's mind: the biological roots of thinking, emotions, sexuality, language and intelligence*. Nova York: Basie Books, 1992, p. 2.

186 Stephen Pinker, *The blank slate: the modern denial of human nature*. Nova York: Viking, 2002. [Edição brasileira: *Tábula rasa: a negação contemporânea da natureza humana*. São Paulo, Companhia das Letras, 2004.]

187. Para uma discussão inteligente de inato *versus* adquirido, ver os comentários de LeDoux sobre o tema em *Synaptic self*, pp. 82-93. Há um vasto material na literatura científica sobre os efeitos da nutrição materna e da separação materna sobre os filhos que não é citado por Pinker. Os objetos desses estudos incluem de ratos e camundongos a primatas e seres humanos. Para uma coleção de 82 estudos de pesquisadores de disciplinas diferentes, mas relacionadas, ver John T. Cacioppo et al., eds., *Foundations in social neuroscience*. Cambridge, MA: MIT Press, 2002. Entre eles há estudos neurobiológicos em ratos que tratam especificamente da questão da interação genética e ambiental: Liu et al., "Maternal care, hippocampal glucocortoid receptors, and hypothalamic-pituitary-andrenal response to stress"; e Francis et al., "Nongenomic transmission across generations of maternal behavior and stress response in the rat". Ver também a discussão de Jaak Panksepp sobre os sistemas cerebrais para envolvimento social e problemas de separação em *Affective neuroscience*. Temos uma explosão de literatura de pesquisa sobre envolvimento de bebês e crianças, um campo em que foi pioneiro John Bowlby, na obra-prima em três volumes *Attachment and loss*. Nova York: Basic Books, 1969.

188. D. W. Winnicott, "Ego distortion in terms of true and false self", in *The maturational processes and the facilitating environment*. Londres: Karnac, 1990, pp. 140-52.

189. Henry James, *What Maisie knew*. Oxford: Oxford University Press, 1996, pp. 22-23. [Edição brasileira: *Pelos olhos de Maisie*. São Paulo, Companhia das Letras, 2010.]

190. William James, *The principles of psychology* (1892; repr., Chicago: Encyclopedia Britannica, 1952), p. 194.

191. Ibid., p. 201.

192. Ibid., p. 202.

Agradecimentos

Este livro começou com a palestra que dei no Hospital Presbiteriano de Nova York, como parte de uma série de conferências promovidas pelo programa de Medicina Narrativa da Universidade Columbia. Rita Charon, diretora do projeto, foi quem me convidou a participar. Seu entusiasmo e a generosidade em relação ao que eu tinha a dizer funcionaram como um catalisador vital para este livro. Frequentei por dois anos o grupo de discussão de neuropsicanálise (que já foi dissolvido) coordenado por Jaak Panksepp e pelo falecido Mortimer Ostow, que me apresentou ao vasto campo da pesquisa neurocientífica e também permitiu que eu acompanhasse (e por vezes participasse) dos complexos debates que abrangiam a integração das duas disciplinas, cujos vocabulários são inteiramente diferentes. As palestras sobre neurociência, organizadas pela Fundação de Neuropsicanálise do Instituto Psicanalítico de Nova York, foram cruciais para ampliar minha compreensão e orientar leituras. Gostaria de agradecer a Dahelia Beverle, minha supervisora na Clínica Psiquiátrica Payne Whitney de Nova York, onde trabalho como voluntária, dando aulas de redação aos pacientes internados. Os participantes do curso forneceram esclarecimentos valiosos sobre o sentido pessoal de suas doenças, e sem eles este livro não poderia ter sido escrito. Agradeço também a Mark Solms, George Makari e Asti Hustvedt pela leitura cuidadosa e pelos comentários sobre os originais de *A mulher trêmula*. E, finalmente, sou grata a meu marido, Paul Auster, não somente pela leitura do texto, como também pela paciência. Durante anos ele tolerou com boa vontade minha imersão apaixonada no problema do cérebro e da mente, ouvindo quando eu pensava em voz alta (por vezes durante horas) sobre as diversas questões abordadas nesta obra.

ESTA OBRA FOI COMPOSTA PELO GRUPO DE CRIAÇÃO EM MINION E
IMPRESSA PELA GRÁFICA BARTIRA EM OFSETE SOBRE PAPEL PÓLEN SOFT
DA SUZANO PAPEL E CELULOSE PARA A EDITORA SCHWARCZ
EM JUNHO DE 2011